创意文案与营销策划
撰写技巧及实例全书

萧 潇 ◎ 编著

天津出版传媒集团

天津科学技术出版社

图书在版编目（CIP）数据

创意文案与营销策划撰写技巧及实例全书 / 萧潇编著. — 天津：天津科学技术出版社，2017.4（2020.3重印）
ISBN 978-7-5576-2388-3

Ⅰ. ①创… Ⅱ. ①萧… Ⅲ. ①广告文案②营销策划 Ⅳ. ①F713.812②F713.50

中国版本图书馆CIP数据核字（2017）第041499号

创意文案与营销策划撰写技巧及实例全书
CHUANGYI WENAN YU YINGXIAO CEHUA ZHUANXIE JIQIAO JI SHILI QUANSHU

责任编辑：	方　艳
出　　版：	天津出版传媒集团 天津科学技术出版社
地　　址：	天津市西康路35号
邮　　编：	300051
电　　话：	（022）23332695
网　　址：	www.tjkjcbs.com.cn
发　　行：	新华书店经销
印　　刷：	大厂回族自治县彩虹印刷有限公司

开本710×1000　1/16　印张17　字数125 000
2020年3月第1版第7次印刷
定价：45.00元

前言 PREFACE

优秀的文笔成就不了优秀的文案，但优秀的文案却需要优秀的文笔。随着改革开放的不断深入，我国市场环境和广告行业早已发生了翻天覆地的变化，产业规模也在不断扩大，从"第三产业"到"信息产业"，再到"创意产业"，其蕴含的巨大能量全面爆发，影响涉及若干领域，可以说牵一发而动全身。

广告逐步成为当今文明形态和文化呈现的独特形式，在促进商业文化传播及文化交流中起着不可替代的作用。正因为如此，面对白热化的市场竞争环境，企业对创意文案及营销策划的要求也在不断提高，优秀的文案作品和精准的营销策划，也成为企业在商海中乘风破浪的风帆。

全书分为创意文案与营销策划两大板块，全面剖析现代营销学中的文案之道，立足实战，追求卓越，旨在用通俗易懂、幽默风趣的语言为读者阐述提高文案写作水平的技巧与方法，并结合经典案例分析与文案模板，告诉读者"怎样用笔尖写出销售力"。

创意文案篇立足现代广告发展的理论前沿，以世界广告创意产业及广告学发展为基础，总结广告创意理论实战技巧，对拓宽读者视野、洞悉广告创意本质以及深入理解广告活动，有重要参考价值。

在功能诉求方面，创意文案篇用全新视角阐述新的观点，对广告整体进行了分析和讲解，论述如何在广告创作过程中寻找并实现创意，辅以案例和范文，让读者在了解相应知识的同时，能够真实地体会到广告创意文案写作精要，引导读者进行更深入的学习。

寻找并实现创意是令许多广告文案从业人员头疼的问题。创意文案篇围绕"创意"这个中心点展开，论述创意过程以及如何通过艺术与文案实施创意，清晰地揭示出广告创意与文案的实际操作技巧，无论是对文案新手还是广告界从业人员，都具有一定参考价值。

营销策划篇主要讲述在面对激烈的市场竞争时，企业怎样通过营销策划运筹于帷幄之中，决胜于千里之外。营销策划篇详细阐述营销策划的基本原理、基本原则及基本流程，配有各种营销策划文案范文及案例，简洁、明了地展示了营销策划文案的撰写技巧。

本书全文贯彻实用、好用、管用的原则，结合理论、案例、技巧，浓缩创意文案与营销策划的精髓，语言通俗生动，逻辑清晰，既有对经典的解析，又有对未来发展的洞察；既立足于专业教学理论，又注重经验总结与实操技巧，尤其适用于文案策划新手入门及文案策划从业人员能力提升。

目录 CONTENTS

创意文案篇

第一章 讲古论今说文案 / 003

文案的"前世"与"今生" / 004

平凡中寻创意，无声处现惊雷 / 008

文案如玉，精心雕琢方成大器 / 013

欲破茧成蝶，首先你要有个"茧" / 018

引爆文案创意，你只有3秒钟 / 022

文案与设计，需要谈一次恋爱 / 028

第二章 经典广告文案源于创意 / 033

创意枯竭，问题出在哪里 / 034

激发创意，离不开广告战略这把枪 / 038

有了创造力，广告文案也会飞 / 043

你的文案，把创意表现出来了吗 / 048

怎样才能找到并完成创意 / 053

利用金字塔原理，轻松将创意变成作品 / 058

第三章 | 广告文案中的视觉元素 / 063

视觉元素,你了解多少 / 064

构图给力,广告才更具视觉冲力 / 068

善用色彩,提升广告作品的颜值 / 072

视听结合,为广告作品营造意境 / 076

平面广告,二维空间的视觉艺术 / 080

电视广告,复杂的视觉表现形式 / 085

第四章 | 创意电商文案撰写方法 / 091

电商文案,不能写得太任性 / 092

只有深挖卖点,才能戳中痛点 / 097

电商文案,凝聚在笔尖上的销售 / 101

电商文案,要集中兵力打"歼灭战" / 106

会讲故事的文案,才有杀伤力 / 112

营销策划篇

第五章 | 营销与营销策划 / 119

别说你懂什么是营销 / 120

4P理论中的4种营销模式 / 125

企业离不开营销,营销离不开策划 / 130

怎样成为一名优秀的营销策划人 / 135

网络营销策划的原则及误区 / 139

营销策划方案的撰写 / 144

第六章 市场调研策划文案 / 151

市场调研文案 / 152

市场调研问卷 / 157

市场调研报告 / 164

市场预测报告 / 172

掌握问题设计技巧，轻松捕获第一手资料 / 178

第七章 企业品牌策划文案 / 185

品牌定位策划文案 / 186

品牌推广策划文案 / 192

品牌塑造策划文案 / 198

新品上市策划文案 / 202

谋定而后动，方能摧城拔寨 / 208

第八章 营销战略策划文案 / 213

营销战略分析报告 / 214

企业产品分析报告 / 220

竞争对手研究报告 / 224

市场拓展分析报告 / 228

营销战略——运筹帷幄，决胜千里 / 233

附 录 | 广告文案撰写细则 / 239

  广告文案撰写细则（一）：主题 / 240

  广告文案撰写细则（二）：标题 / 244

  广告文案撰写细则（三）：正文 / 248

  广告文案撰写细则（四）：广告语 / 254

后 记 / 259

创意文案篇

第一章
讲古论今说文案

文章写得好，不一定写得出好文案。仅靠说两句煽情的话或者想出一两个好点子，也不可能成就一份杰出的文案。成功的文案背后，大都隐藏着丰富的内涵与敏锐的洞察力。那么，怎样才能写好一份文案呢？想要得到这个问题的答案，就让我们从讲述文案的"前世"与"今生"开始吧。

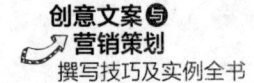

文案的"前世"与"今生"

现今我们所说的文案,与我国古代"文案"的含义截然不同。前些年,我国对"文案"还存在一些误解。那么,现今"文案"指的是什么?它的职责又是什么呢?下面就让我们一起揭开"文案"的神秘面纱。

文案,在我国古代原本是指放书的桌子,后来指在桌子上写字的人。时代发展到今天,文案又有了新的定义,即从事文字工作的职位,也就是用文字表现已经制定的创意策略。文案不同于设计师、插画师等惯用的表现手法,多用于广告宣传、新闻策划等,是广告创意表现、发展及深化的过程。

文案的"前世"

现代文案与中国古代文案所代表的意义是不同的。古代文案又称作"文按",指的是古代官衙中负责掌管档案、起草文书的幕僚,地位比其他属吏要高。夏衍《秋瑾传》序幕:"将这阮财富带回衙门去,要文案给他补一份状子。"

古代文案也指官署中的公文、书信等,即公文案卷。如《北堂书钞》卷六八引《汉杂事》:"先是公府掾多不视事,但以文案为务。"《晋书·桓温传》:"机务不可停废,常行文按宜为限日。"唐戴叔伦《答崔载华》诗云:

"文案日成堆，愁眉拽不开。"《资治通鉴·晋孝武帝太元十四年》："诸曹皆得良吏以掌文按。"

文案的"今生"

如今，"文案"这个词主要用于商业领域，其含义来源于广告行业，由copywriter（文案、文案编辑、撰稿人）翻译而来，是"广告文案"的简称。

具体地说，广告文案多指用言辞表现广告信息内容的形式，有广义与狭义之分。

1. 广义广告文案。广义广告文案包括标题、正文、广告语撰写及对广告形象的选择与搭配等，包含了广告作品中的图、文等全部元素。

2. 狭义广告文案。狭义广告文案只包括标题、正文、口号撰写，仅指广告作品中的语言文字部分。

现代广告文案主要由标题、正文、广告语、随文组成，将广告内容用文字体现，主要包含以下两层含义。

1. 人员。专门从事专业广告文字创作的工作者，简称文案。

2. 作品。为了打动消费者而给产品创作的文案，这种文案的最终目的是打开消费者的钱包，引导消费者消费。

广告文案的创作，对从业人员的应用文写作能力要求很高。同时，在实际运用过程中，一个完整的广告文案不只包含文字，图文结合同等重要。图像具有很强的视觉冲击力，文字文案具有较深的影响力，两者结合才会让整个文案充满活力。

文案的发展

"文案"的概念以前经常被错误地理解和引用，最典型的例子就是将文案与策划混淆。虽然文案人员经常需要与策划人员配合工作，策划人员也需要撰写一些方案，但实际上这两种工作有本质的区别。

目前，我国许多企业中都有了非常专业的文案人员，只有在做一些大型推广活动时，才需要向外寻求合作。因此，也衍生了许多专注于广告文案的文案策划公司。随着社会不断发展，广告平台也越来越丰富，对专业文案的要求更加严格，于是，"创意枯竭""素材被用烂"也成了摆在文案从业人员面前的现实问题。

如今，在硝烟弥漫的文案战场上，如何提升自身专业能力，如何才能不断创作出优秀的文案，对文案从业人员以及想要进入这个行业的人而言，都是必须要面对的问题。能否创作出优秀的文案，已经不仅关系个人职业的升迁，而且对一个企业的兴衰成败也会产生重要的影响。

【文案赏析】

脑白金

今年过节不收礼，收礼只收脑白金。

当人们听到"今年过节不收礼"时，下半句几乎下意识地就会脱口而出。对这则广告的评价，正面与负面的声音都有很多。但是，就是这样一则简单的广告案，不仅树立了产品品牌，而且极大地拉动了市场销售，无论从哪个方面来看，无疑都是很成功的。

看过脑白金广告的人，恐怕这辈子都不会忘记画面中的两个卡通人物和一句顺口溜式的广告词。虽然广告高频次地展示多有人诟病，但产品销量一直居高不下，这对公司而言就已经达到目的了。

广告的目的是什么？广告是为了销售。无论是销售产品还是销售文化，最终都是为了销售。无论你的广告文案多么有内涵、多么唯美，都必须注意：一旦脱离了这个目的，广告效果就不言而喻了。一则成功的广告文案，只会向消费者承诺一个利益点，如果广告文案中将产品所有卖点都罗列出来，那么结果只会适得其反。

脑白金的广告文案，没有介绍产品的任何功效，也没有使用诸如改善睡眠、防止便秘等其他保健品广告常用的宣传语，只是通过两个卡通人物，不厌其烦地传递脑白金是送礼首选这个需求点，反而一下就被人们记住了，想忘记都难。简单、直接、明确，以点带线、以线带面，脑白金用看似简单到乏味的文案和广告策划，缔造了脑白金销量的奇迹。

要点提示 ▶▶

撰写广告文案时，一则长篇累牍的文案远不如直接告诉消费者产品的卖点在哪里重要，就像约翰·杜威所说的那样，问题说清楚了就等于解决了一半。

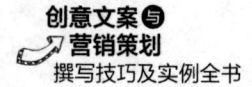

平凡中寻创意，无声处现惊雷

有人说，人是由一堆碳水化合物加上一束电子组成的。不得不说，这个说法很形象，也蕴含了许多道理。对广告文案而言，也是如此，构成广告文案的基本要素不外乎标题、广告语、正文、随文等，只有将这些要素创意地组合起来，才有可能创造出广告中的"人"。

如今，广告的表现形式越来越丰富，传播媒介也更加广泛，但无论形式怎样变化，广告都无法离开语言文字这个最重要的载体而存活。文字不仅是传递广告信息的重要工具，也是现代广告文案创意的核心。不同类型的广告，其文案构成要素也会有所不同。例如，影视广告、互联网广告、电视广告等，广告标题大多数都是隐形存在的，并不会以文字的形式呈现出来。对如今的广告文案而言，只有学会在平凡的构成要素中寻找创意，才能于无声处现惊雷。

广告文案构成的基本要素

1. 标题。标题是广告主题的体现，在广告文案中占据主导地位，也是一则广告的导入部分。标题的优劣决定了能否吸引受众的目光、引起他们的兴趣。标题通常位于广告作品最醒目的位置。可以说，广告标题是否成功，直接影响广告信息的传播。新颖独特、富有创意的广告标题，对广告文案而言，有事半功倍的效果。

2. 正文。正文是广告文案中的主体，是对广告主题的详细阐述。标题的作用是吸引受众的目光，正文的作用就是说服受众，它既要考虑受众关心和想要了解的问题，又要引起受众的兴趣，增加受众的信任度，进而引导受众采取进一步的行动。

3. 广告语。广告语俗称"广告口号"，是广告阶段性战略中经常反复使用的精练式口号语句。广告语与广告标题在表现形式和写作要求上，有许多相似的地方，因此很多人误认为广告语就是广告标题。

实际上，广告语与标题有本质的差别，标题是广告主题的提炼；而广告语不需要紧扣主题，在文字语言上，要求通俗有趣、个性鲜明，一经确定，就要在很长一段时间内反复使用，而且要在不同形式和不同类型的广告中反复使用。

4. 随文。随文是对正文的补充，通常位于广告文案的结尾处，用来宣传与广告相关的附加信息等内容。广告随文需要根据广告的形式和不同需求确定，在广告文案中属于从属地位，不宜罗列过多。例如，广告中的地址、电话、网址等内容都属于随文。随文的作用在广告文案中同样不可忽略，运用得当可以起到积极的推动作用。

广告文案撰写的基本要求

1. 准确、规范、主题明确。广告文案的最基本要求就是准确、规范，这是实现广告主题、广告创意有效表现以及广告信息有效传播的基础。

（1）语言表达规范、完整，避免语法错误。

（2）语言准确、无误，避免产生歧义和误解。

（3）语言符合表达习惯，不能创造和使用人们无法理解的词汇。

（4）语言通俗易懂，避免使用冷僻或过于专业化的词语。

2. 语言精练、言简意赅。广告文案在文字语言的使用方面，要尽量做到简明扼要，不能废话连篇。如果消费者看得云山雾罩，广告的效果就会大打折扣。

（1）尽可能用最少的文字和语言表达产品的精髓，实现广告信息的有效传播。

（2）以吸引受众注意力和方便快速记忆为目的，广告语言文字需要提炼再提炼。

（3）尽量使用简短语句，避免冗长语句引起受众的反感。

3. 生动、幽默、表达创意。广告文案中生动的形象和幽默的语言可以吸引受众的注意力，激发他们的兴趣。

（1）广告语言文字在精练的基础上，根据产品特征，加入诙谐、幽默等元素，不仅能吸引受众的目光，而且会增加受众对广告及产品的好感。

（2）相关研究资料显示，文字与图像在吸引受众注意力方面的比例分别是35%和65%。因此，活泼、幽默的语言搭配相辅相成的图像，广告所能达到的效果会更好。

4. 优美、流畅、便于记忆。广告文案是广告的整体构思，为广告主题、广告创意、广告传播等服务。因此，广告文案中语言文字的撰写，既要优美、流畅，又要便于记忆。

（1）语言文字的使用，可以体现在听觉和视觉两个方面，要注意文字优美，语言流畅、动听，突出广告定位和广告主题及创意。

（2）避免过分追求语言和音韵而忽略广告主题，牵强附会只会适得其反。

【文案赏析】

德芙巧克力

牛奶浓香，丝般感受

"牛奶浓香，丝般感受"是德芙巧克力通用的经典广告语，一经推出就博得重彩。这则文案之所以能够成为经典，就在于它给消费者带来了"丝般感受"的心理体验。让我们看一下这则简单广告语背后都隐藏了什么。

（1）文案采用了类比联想的手法，用丝绸的质地形容巧克力的细腻、滑润，激发消费者的联想，增强了广告效果。

（2）将产品与高质量生活联系在一起，不仅突出了产品特性，也展示了生活情趣。

（3）"丝般感受"指的不仅是味觉，而且是综合感官体验，唤醒了受众对美味与精神双重享受的兴趣。

德芙巧克力通过一系列经典的广告，抢占了市场先机，以至于许多消费者开始喜欢巧克力，都是从德芙开始的。德芙巧克力的标志"DOVE"展开就是"DO YOU LOVE ME"（你爱我吗），这也成为许多女性无法抵挡的诱惑。下面从营销角度分析一下德芙巧克力广告文案的创作理念。

1. 女性。德芙巧克力将消费群体定位为女性，尤其是上班族女性，因此在德芙巧克力的广告中，主角一直都是美女。

2. 品牌。德芙巧克力充分利用广告，将口感成功转化为心理层面的需求，塑造了独特的品牌形象，以此与其他品牌的巧克力区分开来。

3. 创意。德芙巧克力一系列广告文案，都融于生活，又极富创意。创意中不显突兀，追求品质又不脱离生活情趣。

4. 爱情。德芙巧克力的广告文案，一直在营造产品形象给消费者带来的幸福感，尤其是它的名称"DOVE"背后蕴含一段古老而凄美的爱情故事。通过广告文案，德芙品牌不断强化受众的心理感受，让"德芙"这个品牌，成为幸福与爱情的象征。

> **要点提示** ▶▶
>
> 文字，是文案最终呈现出的表达形式。但是，只有先将目光从文字上移开，将关注点放在消费者身上，才能创作出真正深入人心的文案。经典文案虽值得我们借鉴和学习，但我们要学的是精神，而不是形式。

文案如玉，精心雕琢方成大器

优秀的广告作品，就像俊秀而充满灵气的美女，招人喜欢。成就优秀的广告作品，离不开精彩的文案，好文案不仅可以体现创作者的修养，而且能彰显产品的魅力。文案如玉，须精心雕琢，方成大器。

虽然作为消费者，不会主动要求商家为自己写文案，但是好的文案创作就是要让消费者感受到，这则文案就是为他而写的。无论你的文案说服力有多强、产品有多好，如果不能吸引消费者的注意力，让消费者产生好感，那么你的文案都不会成功。

广告文案与文学作品不同，它承担着产品信息及品牌信息传播的重要任务，文字本身不仅需要反复雕琢，还要与产品销售、企业形象等因素相契合，与受众群体建立有效的联系与沟通。因此，要想创作出优秀的广告作品，撰写出高质量的广告文案，就必须从广告文案的核心入手，深入理解广告文案的本质。

以销售为导向

广告是营销的重要手段之一，是一种经济活动，作用是为广告主推广他们的产品、服务或理念，刺激和影响消费者的购买行为。因此，商业性也是广告文案的本质特性,广告文案不能简单地用好与坏区分,只有有效与无效的区别。

广告文案是手段,销售才是广告的最终目的。广告文案是为了将受众的注意力吸引到产品上来,有效传达广告内容所包含的产品信息,使受众在解读这些信息后,将自己的需求与产品、品牌联系起来,进而起到促销的作用。所以,广告文案的撰写,必须以销售为导向。

以创意为灵魂

在大众传媒和商品经济飞速发展的今天,各种信息泛滥,广告环境变得越来越复杂,能否成功吸引消费者的注意力成为一则广告能否成功的关键。有创意的广告文案才能做到"意料之外,情理之中","意料之外"指可以吸引消费者的目光,"情理之中"指赢得消费者的信任。

创意就如同广告文案中的妙手,能轻易拨动消费者的心弦,将产品与消费者巧妙联系在一起,引起消费者的共鸣。因此,创意已经成为当今广告文案的灵魂,也是推动广告获得良好效果的核心动力。

以形象为目的

产品的长期销售需要企业有效地塑造品牌形象,优秀的广告文案必须承担起塑造品牌或企业形象的责任。这就要求广告文案能准确、有效地展示产品或企业独特的个性,并通过长期传播,最终将这种个性升华为品牌内涵。

例如:"喝福星酒,运气就是这么好。"金六福酒将品牌定位为"中国人的福酒",这则广告文案强化了其品牌文化和内涵,通俗易懂,又深入人心。广告文案不断演绎"福"的品牌形象,让消费者感受到"福"气来袭。

金六福不断扩大品牌"福文化"的范围,广告语也变成了"金六福——

中国人的福酒",将品牌文化提升到民族之"福",成功将产品个性演绎为品牌高度,既彰显了产品的品质,又提升了企业的影响力。而这也正是广告文案在品牌形象塑造力上的重要体现。

以文化为载体

广告文案需要沟通的对象是消费者,在创作过程中,需要关注消费者群体的教育背景、身份、地位、生活方式、文化背景等因素。以中国传统文化为例,中秋节代表了团圆,成为月饼品牌主打文化;"中国红""中国福"等民族元素,也都是各种广告文案不断利用的题材。大年三十吃饺子的习俗,作为饺子产品的广告文案题材,很合理。如果改成大年三十吃热狗,则显然难以被消费者接受。情人节、圣诞节等西方节日在我国的风行,来自于广告文案的渲染;牛仔裤、咖啡等流行文化,也源于广告文案的推动。因此,文化是广告文案的载体,也是广告文案的创意之源。

【文案赏析】

雀巢咖啡

味道好极了!

雀巢咖啡对广告文案的雕琢非常细腻,虽然用词很普通,但就是这种不同才贴近生活、贴近消费者,塑造了雀巢速溶咖啡与众不同的形象。

文案一:

标题:《关爱》。

正文:在一个陌生的城市,不是每一个人都有一份关爱,工作、生活带给了我们很多烦恼和压力,我们要做的,就是让自己活得没那么疲惫,哪怕是从繁忙的工作中抽出一点时间,给自己泡一包雀巢咖啡,也许会给自己带来一份惬意的温暖,同时也更有精力迎接我们美好的未来。

广告语:雀巢,给自己一份关爱!

文案二:

标题:《萎靡》。

正文:昨晚那个case折腾到凌晨3点才睡觉,早7点半还要准时起床上班。现在眼睛都不想睁开了。还好,我昨天有买雀巢咖啡,有它可以让我精神倍增。每天早上,好的开始,是希望的味道,味道好极了。

广告语:希望的味道,味道好极了。

文案三:

标题:《郁闷》。

正文:一个上午的事情总算忙完,我搅动着这杯雀巢,想着我的TA,想TA在身边就好了,不自觉地郁闷了。还好,有TA送的雀巢和我做伴,我也很满足。雀巢咖啡,给我恋爱的味道,味道好极了。

广告语:恋爱的味道,味道好极了。

文案四:

标题:《头痛》。

正文:忙碌的一天结束了,回到我的小家,泡一杯雀巢咖啡消去我所有琐碎问题,品味我充实的每一天。雀巢咖啡,伴我每一刻,给我生活的味道,味道好极了。

广告语：生活的味道，味道好极了。

雀巢咖啡的每一则广告文案，都反映了真实诉求，没有过分强调咖啡的美味和饮用的好处，同时又在多个方面展示了速溶、美味、提神的优点，容易引起消费者的共鸣。另外，其文案创意新颖，每个文案都体现了一种情怀、一个小故事，容易给消费者留下深刻的印象，巧妙地表现出产品特点，将自身产品与其他速溶咖啡品牌区分开来，营造了良好的品牌形象。

要点提示 ▶▶

广告文案撰写者必须明白一件事：文案不能为一个产品创造欲望，它只能将千万人心中已经存在的希望、梦想、恐惧及欲望都聚集在某一特定的产品上。

欲破茧成蝶,首先你要有个"茧"

创意是突破传统的哲学,是思维碰撞,也是当今广告作品的生命与灵魂。没有创意的广告文案,就像没有灵魂的躯壳,根本无法敲开消费者的心门。创意文案需要破茧成蝶,但创意的重点不是最后所呈现的"蝶",而是你必须先要编织一个"茧"。

广告文案是表达广告信息的语言文字,广告文案创意简单地说,就是对语言文字的创意。由于受到广告篇幅限制,广告文案必须简洁、精确,能够一下子说到人们心里去。这些限制无疑增加了广告文案创意的难度。

对广告文案撰写人员来说,首先必须要明白,创意不是闭门造车,而是源自对知识、生活和文化的积累。虽然突然出现的灵感对创意帮助很大,但很多时候,灵感与产品或广告整体战略不符,即使是惊世骇俗的创意,也不过是昙花一现,很快凋零。

创意文案不需要多么华丽

创意文案与华丽的辞藻、优美的词句毫不相干,更不需要语不惊人死不休。回顾那些经典文案,往往都是贴近生活、语言朴实,却又能说到消费者心里的言语。例如,美国征兵广告就只有简简单单几个字"美国需要你",却直指人心,极具震撼力。广告文案的创意,每个人都有不同的理解,但万变不离其宗,都要围绕文字和语言展开。因此,提笔之前,可以考虑从以下3个方面入手。

1. 义。义指广告语言文字所表达的意义,广告文案创意首先要考虑能否准确反映出产品或企业特征,什么都可以写,不拘泥于格式与文字量,进而再根据主题进行修饰,雕琢出富有内涵的文案。

2. 形。形指的是广告语言文字的表现形式,包括句式、段落、词语搭配,等等。规范的广告文案由标题、正文、广告语和随文构成,形式可以自由变化,太过死板难以引起消费者的注意,具有视觉冲击力的排版也是创意的一种表现形式。

3. 音。音指的是广告语言文字的语音,可以是声音,也可以是音乐。广告文案中巧妙地利用文字的声调、音韵、节奏以及背景音乐等,可以增强广告语言的信息含量和美感。

做到以下几点,文案创意就不难

约束广告文案创作的条条框框很多,创意也被局限在一定范围内,一不小心就会偏离主题。甘于平庸的广告文案索然无味,言语惊人的广告又无法赢得人们的信任。那么,如何才能让创意破茧成蝶呢?

1. 准。准确反映产品特点,深入挖掘产品内涵及企业文化,了解不同地域消费者的消费习惯及文化。

2. 深。只是在广告文案中罗列产品的优点,很难引起消费者的共鸣,因此广告文案还要深挖产品,将某种思想、理念、意义通过文案赋予产品,让广告更具有人文价值、时代性和民族性。

3. 新。新是广告文案创意的关键,也就是指别出心裁、不落俗套。关于"新"的创意是多方面的,如新信息、新角度等,都能够体现创意的新颖独特。需要注意的是,"新"必须以旧知识、旧经验为依托,不是毫无逻辑的幻想，创意思维可以天马行空，但落实到文案上，一定要"俗"。所谓"俗"，就是通俗易懂、贴近生活。

4. 趣。幽默的语言是广告创意常用的一种方法，有些产品本身就具备某种情趣，在广告创意中，只要善于运用幽默的文字，就能够揭示产品的本质。例如，某文胸广告文案："如果你想看到本文胸的神奇效果，请挤压杂志。"当消费者在翻阅杂志时，突然看到这样一则广告，不禁开怀一笑，也就会将目光多停留一会儿。

5. 奇。所谓"奇"指的是广告文案创意要奇特、独到，也就是做到"意料之外，情理之中"，乍一看有些离谱，仔细体会才发现原来如此。

【文案赏析】

耐克

JUST DO IT

耐克将自己的品牌形象与篮球紧密地结合在一起，简简单单地一钩，钩住了体育文化，也钩住了消费者的心。耐克的广告文案说明了一件事，那就是创意本来很简单，只是我们将它复杂化、神秘化了。

每个优秀的品牌都会找到一种自然的象征，并通过这个象征演绎产品的个性，耐克选择的是篮球。另外，利用体育明星为品牌代言，也是体育产品有力的创意武器，耐克充分利用这个方法，赋予产品一种精神："用运动改变一切，'Just do it'"。

文案：

标题：《刘翔耐克广告文案》。

内容简介：广告中采用刘翔跨栏的画面，将上面的定律融入刘翔的跨栏过程，直至刘翔获得第一，画面中出现"定律，是用来打破的，你能比你快"和耐克的那一钩。

市场定位：青少年、运动品牌。

诉求方式：混合诉求。

诉求对象：年轻消费群体，渴望独立、追求个性的青年。

广告主题：通过刘翔的事例强调耐克的精神，"Just do it"，事在人为，努力证明自己，体现鼓励拼搏向上的生活方式，突出年轻人的自我意识。

这则广告文案，秉持了耐克的一贯作风，广告中没有加入太多元素，充分展现运动员的那种精神，诉求很简单，就是运动。个性，但不张扬，给人一种平易近人、运动无处不在的感觉。

耐克的广告文案并没有定位在推销产品上，没有描述自己的产品多么有吸引力，而是通过广告让人们了解它的品牌定位，每个文案、每张图片，都能吸引很多目光，通过在消费者心里树立品牌形象，进而达到销售的目的。

要点提示 ▶▶

破茧方能成蝶，广告文案创意的这个"茧"是知识和经验的积累，是对产品的深入挖掘，是对企业文化的理解，是蜕变的动力。唯有在这个"茧"中汲取营养、蓄积力量，广告文案才有破茧成蝶的那一刻。

引爆文案创意，你只有3秒钟

绞尽脑汁创作出的广告文案，自己认为很精彩，企业客户也非常满意，结果消费者对此却毫无反应，于是出现了"任你广告打得强，销量就是不见涨"的结果。问题出在哪里？是文案写得不够有创意，还是不够精彩？

文案创意要切实可行，比如要用创意打动消费者，而不是自我表述、自娱自乐。即便你创作的文案把自己感动得稀里哗啦，把客户感动得热泪盈眶，最终消费者却不买账，到最后这个文案又有什么意义呢？

因此，创意文案必须对市场、项目、产品、客户进行充分了解和细致分析，才能找到让消费者兴奋的点，才能在文案中表现出"一语惊醒梦中人"的效果。对广告文案创作人员而言，一方面要培养自己的洞察力，另一方面还要培养自己的文字敏感性，即在文案创作过程中，能够熟练地驾驭文字。

3秒钟引爆创意点

广告学将广告对消费者的影响归纳为吸引、兴趣、记忆、需要、行动这5个环节，广告作品通过各种创意手段成功吸引消费者后，必须明确告诉消费者广告想传达给他们的信息，形成品牌印象，这样消费者才能在需要时采取购买行动。

　　文案撰写人员的个性差异、对广告表现力的不同理解以及不同消费群体生活和文化背景的差异，使得广告作品很难做到让每一个消费者都能够理解。不能吸引消费者的目光或者广告内容不能被消费者理解，甚至产生误解，都无法达到广告的预期效果。

　　文案创作者一定要时刻提醒自己，广告文案创意必须以传递产品信息为目的，广告的本质不是艺术，而是披着艺术外衣的营销手段。无论你的创意点多么优秀，也都只是整个广告作品的第一步。

　　相关调查显示，消费者对一则广告的注意时间大约只有3秒钟，而这也意味着，你必须在1秒钟的时间内吸引消费者的目光，用2秒钟的时间将产品信息传递给他。文案无疑是这个过程的点睛之笔，必须用简短的文字传递出精准的信息。

　　创意源自大脑对信息的提炼、取舍与表现，广告文案就是要将这些创意，落实到整个广告作品中，其方法不外乎直接创意法和间接创意法两种。

直接创意法

　　直接创意法指的是直接阐述广告内容、展现广告重点的创意方法。直接创意法又分为直觉法、触动法、比较法等。

　　1. 直觉法。直觉法指的是凭直观感觉创意的一种方法，这种方法适用于宣传产品及企业的主要特征，关键在于在广告调查过程中，掌握产品及企业的消费信息，并将从中提炼的最具传播价值的信息作为广告的主要内容。这种方法的优点是见效快、时间短、创意明确，缺点是容易落入俗套、平淡无味。

　　2. 触动法。触动法指的是文案创作者根据偶然发生的事情，引发出灵感的一种创意方法。这种方法容易吸引消费者的注意力，给消费者留下深刻印象。

3. 比较法。比较法是文案创意过程中经常用到的方法，没有高山显不出平原，有了比较也就有了区别。因此，在文案创作中，可以将两种相近、相似或相对的产品放在一起进行比较，找出相同点和不同点，突显产品在同类别中的个性和优点。

间接创意法

间接创意法指的是间接阐述广告内容、体现广告重点的创意方法。间接创意法包括暗示法、悬念法、寓情法等。

1. 暗示法。暗示法是通过对相关事物的表述和说明，暗示广告宣传目的的一种创意方法，以达到"声东击西"的宣传效果，避免给消费者带来感官上的刺激。暗示法通常被某些特殊产品的广告采用，这类产品的作用不便直言，如"避孕套"的广告。暗示又不能太曲折、太晦涩，让消费者无法理解，因此，采用间接创意法撰写创意文案在力求新颖、独特的同时，还要保证消费者能够理解。

2. 悬念法。悬念法指的是通过设置悬念让消费者产生惊奇和疑惑，然后逐步为消费者解惑，通过设置悬念和解惑的过程介绍产品。这种方法也就是网络上常说的"挖坑"与"填坑"，至于消费者跳不跳"坑"，就取决于"坑"挖得是否具有吸引力。

3. 寓情法。寓情法指的是给产品注入情感元素、侧重情感诉求的创意方法。产品本身不含情感因素，广告文案通过将日常生活中最容易打动人心的情感因素巧妙地融入产品中，让整个广告作品看起来情真意切，更容易引起消费者的共鸣。

【文案赏析】

阿迪达斯

Impossible is nothing
没有什么不可能,一切皆有可能

对一个品牌而言,广告文案的作用非常重要,阿迪达斯品牌能够获得全球知名的地位,除了产品本身的品质外,与其营销团队在广告方面的全力打造也是分不开的。下面就让我们分析一下,阿迪达斯品牌在广告文案方面的策略。

品牌个性:挑战极限。

市场定位:高端市场。

目标人群:14~25岁青年人群,敢于追求梦想,希望受人重视,追求时尚;25~35岁人群,有一定经济收入,对生活要求有质量,对休闲生活有概念的人士。阿迪达斯品牌广告文案都是围绕目标消费人群展开的。

品牌理念:Impossible is nothing。

目标消费人群特点:越是上层消费者,使用的语言越抽象;越是下层消费者,使用的语言越具体。

媒体投放:互联网、户外媒体、体育赛事赞助、电视。

尽管阿迪达斯将消费群体的年龄定位于18~65岁,但实际上它的核心消费群体的年龄还是明确地集中在15~35岁,而且阿迪达斯广告媒介配比也是多元化的,户外营销策略在阿迪达斯整体营销中占有重要的地位,其广告文案主要围绕以下几点原则展开。

①围绕体育运动,传达品牌挑战极限与个性的体育精神。

②用创意和互动实现品牌年轻化。

③借助原创实现品牌差异化。原创在品牌个性化过程中弥足珍贵。

④传播效益最大化。阿迪达斯不做平庸的户外广告，不做低层次促销，追求大胆突破，用"大手笔"实现传播效益最大化。

阿迪达斯"我的故事系列"广告文案欣赏如下。

大卫·贝克汉姆

你将经历一些艰难的日子，但是所有这些终将过去。

我是大卫·贝克汉姆，这是我的故事：

回想1998年，

我真希望一切都没发生过，

当时我的表现简直像个孩子，

后来我哭了足足10分钟。

那时不断有人恐吓我，

整整三年半我没有一点儿安全感。

这打击太大了，我几乎想要放弃。

后来我在对希腊的比赛中进了球，

所有的记者都起立为我鼓掌，

能让这些苛刻的评论家为我喝彩，

对我来说，这一刻非同寻常。

艰难的时候总会过去，

只要你能坚持下来！

马晓旭

让挑战变得简单的最好办法就是让自己变更强。

我是马晓旭，这是我的故事：

刚开始踢球的时候，

觉得那对我根本没什么困难。

第一次入选国家队时，我还没满16岁，

可练了一段时间后，

我却被国家队劝退了。

那真是一道难坎，

但并没有阻挡我的前进。

现在我迈过来了。

要点提示 ▶▶

广告文案的核心不是谁来写，而是写给谁；重要的不是"镶金"的外表，而是表达产品的内涵，借此赋予产品一种信念和精神。如甜橙广告，"香甜动人，触动你的味蕾"远不如"甜过初恋"深刻和醒目。

文案与设计，需要谈一次恋爱

文案与设计属于两个不同的专业，两者之间的关系密不可分，文案通过文字表现创意，设计要将文案创意在广告中呈现出来。优秀的广告并不是简单的视觉化表现，需要基于产品本身做创意，"好文案会说话"，加上好设计，才能达到1+1>2的效果。

设计就像人的外表，因为人第一眼看到的就是外表，能够吸引人注意的也是外表。走在大街上，看到帅哥或者美女，人的第一反应就是这个人好帅，或者好漂亮，没人会在意这个帅哥或美女的内在气质与修养。但是，美貌只会让人眼前一亮，能形成致命吸引力的，却是内在的气质与修养。文案就是广告的气质与内涵，而这也正是广告的创作过程。

广告中文案与设计哪个更重要

广告作品中，文案与设计到底哪个更重要？实际上，两者之间是相辅相成的，文案是广告的灵魂，设计就是这个灵魂的外衣；文案是广告作品逻辑思维的表现，设计则是视觉效果的表现。如果没有好的设计来表现，那么再美的文案，呈现的效果也是麻木的、没有感觉的；如果没有文案的支撑，那么再美的设计作品也是华而不实和空洞的。

第一章 讲古论今说文案

有人将广告作品比喻成武功，设计就是武功的招式，文案是内功。徒有招式，只是花架子，招式只有与内功相辅，才能成为高手。优秀的广告作品，设计与文案必须相辅相成，做到内外兼修，才能在铺天盖地的广告中脱颖而出，成为翘楚。

文案与设计一定要保持协调

在广告作品的创作过程中，文案与设计要保持协调与沟通，保证设计能够充分理解文案所要表达的核心诉求，内外结合，才能创作出一流的广告作品。检验广告作品是否优秀的唯一标准就是广告是否能够有效传递产品信息。文案不同于文学，文笔好不一定能写出优秀的文案，它是在市场调研、产品定位、消费群体及对消费者习惯和消费心理研究的基础上创作的，过分追求创意，而诉求点不明确，往往适得其反。

有这样一则平面广告：

广告画面左上角是一个"logo"（商标），画面左边马桶上坐着一个女人，右边有一行英文，下面是地址和电话。

熟悉这个品牌的人知道这是一家卫浴用品广告，不熟悉这个品牌的人根本不知道这则广告在讲什么。"卖马桶的吗？我不需要！"太过追求创意，或者广告画面太过抽象，会让消费者解读起来很困难，因此这种广告的效果就是不理想的。

广告设计中存在的误区

一个好图胜过千言万语。很早之前，用图片阐述产品信息也属于文案工作范畴。有些优秀的文案大师，可以用一张没有文字的图诠释整个广告作品。这种方式源于知识和经验的积累以及特定产品在特定环境中的表现，并不是随便创作出一幅好图当广告作品，消费者就会买账。如果你是画家，那么当然可以将自己天马行空般的作品卖出去。显然，设计人员和文案撰写者，都不是艺术家。在广告创作中，设计人员要注意避免以下一些行为。

1. 图片很美，也极富创意，但对产品信息和文案核心诉求没有任何帮助，如果用这个图片做背景，则整个广告版面就会混淆，即使做插图，也会浪费至少四分之一的版面。

2. 广告创作中，设计人员总会觉得这里加一根线条会很美，那里放一个圆很个性……从绘画角度来看，的确符合审美要求，但作为广告，这样做有可能会扰乱读者视线，抢了文字的风头。

3. 整幅广告作品，文字只是其中的一个符号元素，有些设计人员只把文字当成了元素，甚至有些广告中的文字，小到需要用放大镜看，或者将深颜色的文字放在深颜色的背景上，使观众很难看清文字。这种情况下，即使图片极富创意、排版再美，也会给人"虽然我不知道你说什么，但看起来很厉害的样子"的感觉，这完全违背了广告的原则，难以完成产品信息传达的目的。

4. 字体变形也是在广告设计过程中经常用到的方法，字体变形可以增加视觉冲击力，但千万不能影响阅读。设计人员一定要明确，你不是一个艺术家，你的创作是为产品或企业形象做宣传。

总的来说，文案与设计就像一对情侣，有甜蜜也有争执，需要相互磨合才能达到默契与融洽。在广告创作中，设计人员要学会放弃自己对艺术的追求与发挥，文案也需要放弃对诗词的热衷与对文采的向往。毕竟，广告不是艺术，一切都要从广告的本质出发，只有文案与设计结成亲密战友、协调一致，才能够创作出优秀的广告作品。

【文案赏析】

钻石的文案

A Diamond is Forever

钻石恒久远，一颗永流传

戴·比尔斯的一则广告文案，将钻石带入了人们的视线。一想到钻石，人们就会想起"钻石恒久远，一颗永流传"的经典广告语。或许，许多人并不知道这句广告语的广告主是谁，但是你会发现，许多经典的广告文案，最后都已经不仅仅是文案了。如果哪一天，你真正理解了这一点，那么你就从一个卖弄技巧的文案撰写者，蜕变成营销大师了。

下面，就让我们简单分析一下，戴·比尔斯怎样通过广告文案，通过赋予钻石特殊的爱情含义缔造经典的。

广告主题：永恒爱情。

需求：每个人都需要爱情，都渴望爱情永恒。马斯洛需求层次理论指出，安全是人的基本需求，对无法预测的未来，人们没有安全感，需要借助外物为参照，慰藉内心的恐慌。

产品特点：在目前地球上所发现物质中，钻石的硬度最高；钻石是稳定的，任何酸性物质都不会对它发生作用，钻石不因时间而变质。钻石的特质，符合人们对爱情的要求，即坚固、稳定、永不褪色。

理念：钻石＝坚固＋稳定＝永恒；

爱情＝坚固＋稳定＝永恒；

钻石＝爱情＝永恒。

消费群体：渴望获得永恒爱情的男女。

据说，在1947年，一名叫作弗朗西斯·格雷蒂的年轻广告文案撰稿人，接到了戴·比尔斯一项极具挑战性的任务，那就是撰写一句既能涵盖钻石各种物理特性，又能围绕钻石表达蕴含深意的广告语。她工作到深夜都一无所获，就在打算放弃的那一刻，突然脑海中灵光一闪，在纸上草草写下了一句话：A Diamond is Forever。这句话，后来成为20世纪最具有代表性的广告语。

▶ 要点提示 ▶▶

文案是骨架，设计是血肉；文案是灵魂，广告是衣衫。好文案需要将广告主的诉求及消费者习惯等诸多因素，浓缩成经典语句；好设计则要将文案所要表达的内容，完美地用视觉呈现出来。

第二章
经典广告文案源于创意

我们都曾遇到过让自己拍案叫绝的广告创意，也经常见到令自己讨厌的广告。毫无疑问，每一个杰出的广告背后，都必然充满创意。那么，怎样才能创作出一个富有创意的广告文案呢？创意从哪里来？怎样去寻找创意？又该怎样将创意落实到文案中呢？就让我们带着这些问题，从本章中寻找答案吧！

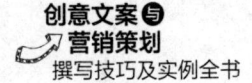

创意枯竭，问题出在哪里

从事文案工作的人，相信都有过创意枯竭的经历。造成这种现象的原因有很多，如信息超载、身体疲惫、精神紧张等因素。究其根源，我认为创意枯竭的问题往往出在人们的思维方式上。

生活中，有些人会表现出比他人更多的创造性思维，但这并不表示，只有这些人才具备创造力。人类得以生存和延续，并发展到现在的文明社会，如果没有创造力，那么当初就无法学会用火、不会驯养动物、不会开垦农田、不会制作农具……作为个体，我们每个人每天都在凭借天生的创造性思维选择食物、衣服，甚至是为某件事编造借口。那么，创造性思维是什么呢？

认识创造性思维

创造性思维具体指的是一种具有开创意义的思维活动，也就是人类开拓认识新领域、开创认识新成果的思维活动。创造性思维方式使我们在遇到问题时，能够从多角度、多层次、多结构思考，不受现有知识的限制和传统方法的束缚，思维路线是开放性、扩散性的。创造性思维在解决问题时存在多种方案，更愿意从多种途径中探索、选择，而不是单一的，思维模式具有广阔性、独特性、深刻性、敏捷性、灵活性等特点。

创造性思维在广告中的重要作用

创意对广告文案创作而言，其重要性不言而喻，首先让我们来看一则案例。

"打破它，你就可以带走300万美元。"温哥华一家广告公司，为了宣传3M公司生产的一种新型苏格兰盾安全玻璃，想到了一个绝妙的主意：他们将"300万美元"放在了用这种安全玻璃制作的箱子中，当然，箱子里面只有最上面一层的500美元是真钱，其余都是假钱。然后，他们将玻璃箱就安放在了公司办公室的外面。许多路过的人都试图撬开这个箱子，但没有一个人成功。由于安全原因，这次广告宣传活动只持续了一天半的时间，箱子就被撤除。尽管如此，这则广告还是引起了全国性的关注，而整个广告预算，仅仅只有6 000美元。

广告作为一种信息传递的活动，是企业以促进销售为目的，运用最广的一种促销方式，当然广告也需要为此付出一定的费用。上述案例告诉我们，在广告文案设计中，一个好的创意不仅可以节省广告费用，而且更重要的是它还决定着这个广告是否能够吸引消费者的目光，并通过这个创意，将产品形象印在消费者的脑海中。

通常广告策略分为产品策略、市场策略、媒介策略及广告实施策略四大类。以产品策略为例，其中又包括了产品定位策略及产品生命周期策略、新产品开发策略、产品包装策略、产品形象策略等。广告文案的好与坏，是决定这些广告策略能否得以实施并达到最终目的的关键。

目前，人们正生活在各种媒体、各种样式广告的狂轰滥炸之下，对广告已经产生了"免疫力"，你的广告文案凭什么能够从同行业中脱颖而出，引起消费者共鸣，印在他们的脑海中并使他们产生消费欲望呢？这时候创造性思维就显得至关重要。

创造性思维的特点

创造性思维并不是少数人所独有的天赋，它具有普遍性，其具体表现形式会因个体思维习惯的不同而不同。我国著名数学家华罗庚曾说："'人'之可贵在于能创造性地思维。"创造性思维贵在创新，主要特点表现为在思路的选择、思考的技巧、思维的结论等方面，常有新见解、新发现、新突破，进而在一定范围内具有开拓性和首创性。

创造性思维最直观的表现就是可以自由自在地发挥想象力，具有艺术性和非拟化的特点，不受传统模式束缚。而这一特点在广告文案创作中，有十分重要的作用和意义。

首先，创造性思维可以不断积累知识总量；其次，创造性思维可以不断提高自身的认识能力；再次，创造性思维可以为广告文案开辟新的局面；最后，创意文案的成功，又会反过来激励自己进一步拓展自身的创造性思维。

【学以致用】

不同思维方式在广告中的应用技巧

世界上关于思维模式的分类有很多种，不过，多数思维学说将人类思维模式分成事实型思维和价值型思维两大类。不同思维模式的人，对广告有不同的认知，即使是一个非常有创意的广告文案，在不同思维模式的人眼中，也可能呈现截然不同的效果。

1. 事实型思维。倾向于事实型思维方式的人，喜欢将观念分解成细小的组成部分，并对其背景进行分析，然后得出最佳的解决方案。事实型思维的人同样具备创造力，往往倾向于线型思维，喜欢事实与数字。他们善于掌握和分析这类信息，习惯逻辑、结构和效率，对模棱两可的东西比较反感。

2. 价值型思维。倾向于价值型思维方式的人，喜欢凭借直觉、价值观及道德观做决定，更善于接纳变化和矛盾，依赖于各种观念的融合。价值型思维方式的人，总喜欢将不同的观点融为一体，发挥各自的优势，善于运用想象形成新的观点，也善于运用现有观念创造新鲜事物。

盛世公司为惠普激光打印机创作了一则广告，广告创意为模仿一场采访的场景，演员扮演的顾客表现出如何备受折磨，大谈如何没有时间兼顾她们的打印机，等等。这个广告文案在惠普公司内部引起了一场震动，惠普的一名营销传播经理汇报："惠普公司内部的一些人对广告的指向非常不舒服，我们是一家高科技公司，广告中却没有突出任何一点技术。"

以上的案例告诉我们，在广告文案创作之前，首先要确定你的客户属于哪种思维模式。事实型思维模式的客户通常喜欢布局简单、直接，以理性诉求和大量数据为特点，实际而坦率的广告文案。面对这类客户，价值性思维广告文案往往会引起客户的反感。反之，如果是喜欢轻柔、微妙、自然等特点的价值型思维的客户，就会非常喜欢该广告。

要点提示 ▶▶

想要写好创意文案，就必须了解广告的目标受众，了解某些细分市场（如高科技产品市场）的消费者可能会倾向于哪种思维方式。确定这一点后，再思考文案采用什么方式创作。

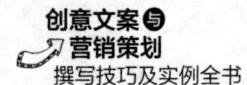

激发创意，离不开广告战略这把枪

毋庸置疑，伟大的文案创意对产品销售的推动作用和企业发展的作用十分重要，因此乔治·路易斯才说了这样一段有关广告创意的文字："一个伟大的创意就是一个好广告所要传达的东西。一个伟大的创意能改变大众文化；一个伟大的创意能转变我们的语言；一个伟大的创意能开创一个事业或挽救一个企业；一个伟大的创意能彻底改变世界。"

在广告文案的文字、图像以及创意的背后，广告策略起着指明方向的作用，优秀的广告文案必须与广告战略相关联，否则注定会成为一个失败的作品。即使这个广告能引起受众的共鸣，最多也就是个不错的娱乐作品，绝对不会是一个优秀的广告文案。优秀的广告文案必然要为完成战略任务服务，换而言之，广告战略是产生优秀创意文案的基础。

因此，想要写出一篇优秀的创意文案，就必须先了解企业的广告战略，并以此为导向撰写文案。如果创意是子弹，那么广告战略就是枪，只有子弹配上枪，才能发挥威力，才能命中靶心。

什么是广告战略

广告战略是指企业或广告发布者对广告决策在宏观上的掌控，也就是用战略眼光从企业长远利益出发，着眼于产品市场的开拓，提升宣传效果，降低开支，实现营销的最终目的。随着市场竞争日趋激烈，一个企业、一个产品想要在市场上立足并在竞争中胜出，广告战略发挥的作用越来越重要。下面让我们来看一下广告战略的基本特点。

1. 总体性。广告战略是广告活动的整体设计与规划，不研究具体细节和操作步骤，是一个总体的思想与指导方针。

2. 系统性。广告战略在制定过程中，需要考虑各方面的因素，并进行系统性规划，形成系统结构，让广告策略的系统效应在整个广告活动中发挥出最大作用。

3. 目标性。目标性也是广告战略的重要特征之一。广告战略的制定要为企业营销目标服务，广告战略必须有自己的战略目标。

广告战略在广告中的重要性

广告战略是企业发展的重要一环，制定广告战略不能当作只争朝夕的权宜之计，必须经过深入的调查研究，从战略的眼光出发，审时度势地谋划全局。广告战略的制定，是为实现企业总战略目标而服务的。所以，一个广告创意文案能否被采纳的关键就是，这个广告文案是否符合企业战略目标的需求。

美国七喜汽水公司当初面对可口可乐公司和百事可乐公司的强劲竞争，从1980年开始，就不断增加广告费用的投入，同时还大幅度增加了营业部门的人员，但公司仍然亏损。直至该公司"七喜从来不含咖啡因，也永远不含咖啡因"的广告出炉，本广告利用人们对咖啡因的畏惧心理，对可口可乐及百事可乐两大公司展开了广告战略大反攻。这项"反咖啡因"广告战略制定得非常成功，让公司营业额开始稳步回升，实现了扭亏为盈。

大幅度增加广告费用投入和增加员工数量都没有办法让公司扭亏为盈，反而一个"反咖啡因"的广告战略就立见奇效，让公司起死回生，足见创造性与针对性强的广告战略，对一个企业的意义有多么重大。

广告战略四大元素

广告战略包含目标受众、产品概念、传播媒介及广告信息四大元素。这些元素决定了广告战略最终能否转换成讯息战略，完成广告创意，并形成有效的广告活动。

1. 目标受众。目标受众包括消费者和经销商。我们在制定广告策略时，必须要明确产品的目标受众是谁。也就是说，"公司要将产品卖给谁？希望谁能看到广告？哪一种广告比较容易引起此类人群的兴趣？"这类问题要引起足够重视。

2. 产品概念。广告战略还要从自身产品出发，如产品的材料、制作工艺、功能、价格等。简单地说，广告战略就是要将产品的优势、特点发挥到极致，引起目标受众的消费欲望。

3. 传播媒介。铺天盖地的广告看起来效果很不错，但前提是，公司能够提供无限制的广告费用。实际上，不同产品都有特定的需求人群，也没有任何公司会有无限制的资金投放广告。因此，广告战略一定要针对产品细分市场的消费者选择适合自己产品的广告媒介，这样才能让广告更有效率。

4. 广告信息。什么是广告信息呢？简单地说，广告信息在广告战略中，就是一家企业想通过广告表达什么、如何表达。例如，消费者并不知道你的产品，也不了解你的产品，此时，广告文案就必须散发出一种高品质的气息，用简洁而富有创意的、可信的广告，形成富有特色的信息战略，快速捕获消费者的心。

在广告创作之前，我们首先必须与企业在广告战略4大元素相关方面达成一致，完成市场调研工作；然后再根据企业提供的资料，在企业方面认可的情况下开始广告创作；最后等广告战略制定完成后，就可以依据创意纲要开始广告文案的撰写。通常，在大部分广告公司中，这份工作都是由创作部或创作团队完成的。

【学以致用】

广告创意纲要文案撰写框架

广告目标与战略明确后，就要制作文案撰写框架了，也就是对广告战略做简要说明。文案框架也被称为创意纲要、文案或创意战略文本等，无论哪种称呼，文案框架都是对广告制作过程中必须要考虑的重要问题及这些问题涉及的"谁、为什么、是什么、在哪里、什么时候"等元素形成书面材料。

1. 谁。谁是潜在消费者？这些消费者典型消费习惯是什么？从行为学、地理学、人口统计学、消费心理学的角度，对此做出分析。

2. 为什么。广告需要针对性地满足消费者哪些特殊的需要和欲望？广告策划通常通过以下两大类诉求进行分析。

（1）理性诉求。消费者对产品或服务的实用性、功能性的需求。

（2）感性诉求。也就是消费者的心理需求或象征性需要。

具体的分析样本见表2-1。

表2-1　广告诉求的具体分析

需要\手法	精选广告诉求	
	理性	感性
自我实现	更多休闲机会 经营或使用中的成效	好奇 免除体力劳动 雄心壮志 愉悦	体育活动/游戏 简洁 反应的快乐

（续表）

手法 需要	精选广告诉求		
	理性	感性	
社会	清洁卫生 经济实惠	合作 对他人的忠诚 内疚 幽默 家庭舒适	浪漫 性吸引 社会成就 社会认可 对他人的同情
安全	耐久 安全 对他人的保护	恐惧 健康	保障
生理	休息或睡眠	胃口	个人舒适

3．是什么。产品具备哪些可以满足消费者需求的特性？支持产品承诺的因素有哪些？产品的定位是什么？产品已经为企业创造了什么样的形象？产品有哪些可以宣扬的优势？产品有哪些弱点必须处理？

4．在哪里、什么时候。广告在什么地方、什么时候投放？通过什么媒介投放？

另外，广告活动最后采用什么风格、什么手法、什么基调、文案要写什么，这些都需要在文案框架中体现出来，同时要说明产品能向消费者展示什么利益。由于文案框架不涉及广告的实施问题，怎样将这些利益表现出来，就属于创意文案的职责，文案框架也仅是后期创意文案撰写的依托。

要点提示

制定广告战略要思想明确，能够对广告活动的各个环节起到指导性作用。广告活动能否顺利进行、广告效果好坏，都与是否能够遵循广告战略思想、方针的指导有密切联系。

第二章 经典广告文案源于创意

有了创造力，广告文案也会飞

在广告创意的执行过程中，人们常常将广告文案视作"画龙点睛"的一笔，由此可见创造力对广告文案的影响之大，因此，对广告文字撰写的从业人员来说，要想拥有创意和灵感，除了个人知识、智能和职业素养之外，还要通过多学习、多实践提高创造力。

生活中，许多公司在广告活动中通过对图像、文字的巧妙运用，创作了很多令人拍案叫绝的创意广告，充分体现了创造力对广告的强化作用。创造力或者创意的过程究竟是什么？创造力从哪里来，又在广告中扮演什么样的角色呢？

什么是创造力

整个人类的文明发展史，实质上就是人类创造力实现的结果。随着对创造力不断地研究，根据不同侧重点，出现了两种不同的说法：一种说法认为创造力是一种能力，是在一种或多种心理过程作用下，创造出新颖的、有价值的东西；另一种说法认为创造力不是一种过程，而是一种产物。通常来说，创造力既是一种能力，又是一种复杂的心理过程和新颖的产物。

新颖性和独创性是创造力与其他一般能力的本质区别。发散思维是创造力的主要组成因素，也就是指无定向、无约束地由已知探索未知的思维方式。美国心理学家吉尔福德认为，人们发散思维表现出的外部行为，代表了个人的创造能力。

创造力构成因素

智商高的人，创造力就高吗？答案是不一定。构成创造力的因素有很多，例如优良品质、进取心、求知欲、独立思考精神等，都是发挥创造力的保障。创造力与知识、智能及良好的人格是密不可分的，它们相互作用、相互影响，最终决定了一个人的创造力水平。

1. 知识。吸收知识、巩固知识、掌握专业技术、实际操作技术、经验积累、扩大知识面、运用掌握的知识分析问题等，是创造力的基础，任何创造都离不开知识的积累。丰富的知识积累更有利于提出创造性设想，并有利于创造方案的实施与检验。广告文案的创作同样如此，没有丰富的知识积累，就没有优秀的文案创作。

2. 智能。智能是智力与多种能力的综合，包括了观察力、注意力以及高效持久的记忆力和灵活自如的操作力。同时，智能还包括创造性思维能力，掌握和运用创造原理、技巧及方法的能力等诸多组成部分。

3. 人格。人格包含了意志和情操等多个方面，是一个人在生理素质基础上，通过社会实践活动逐渐形成并发展出来的。优良素质是构成创造力的组成部分，对创造力的影响十分重要，在创造活动中通常表现为优秀的创造素质。

创造力在广告中的重要作用

企业在挑选广告公司时，通常是看这家广告公司的创意风格是否与自身企业形象或产品风格相契合，广告是否能够完成告知、劝服及提示这些基本任务。一个优秀的广告文案，能否造成轰动效果，关键取决于创造力。

1. 创造力有助于广告实现告知功能。优秀的创意文案会使广告更加形象、生动。广告能否完成告知的任务，很大程度上就取决于广告是否具有创意性。好的创意文案可以启发消费者的思维，引起消费者的持续兴趣。常用方法是利用文字游戏、语言或视觉比喻，如"小心对待""坚如磐石"等，帮助消费者了解产品。

2. 创造力有助于广告实现劝服功能。一个创意故事或一个创意人物，足以在消费者心中为产品树立独一无二的形象，这也是创造力可以帮助广告产品击败竞争对手的关键因素。例如，海尔公司推出的动画片"海尔兄弟""Hello Kitty"的动画形象、孩之宝玩具公司推出的变形金刚，等等。广告运用这种表达形式，在大众心目中留下了更高层次的印象，当这种印象传播开时，产品的感知价值也随之提高。

3. 创造力有助于广告实现提示功能。只有创意才能让广告充满趣味，不会令人产生乏味感。想要让消费者尝试你的产品，你只用一遍又一遍毫无创新的广告语显然是不行的。例如，耐克的广告中很少出现公司的名字，只是在讲述一个故事，唯一的广告线索就是那个单纯的、拉长了的"钩"。

4. 创造力有助于广告产生轰动效应。一段优秀的相声作品，因为具备"包袱"这个关键因素，才会在某一瞬间让观众在大笑中产生共鸣。杰出的广告文案同样如此，必须在作品中加入夸张等创意元素，在某一瞬间让观众吃惊，引起共鸣。

【学以致用】

让广告更具说服力的色彩运用技巧

色彩是广告中常用的，也是不可或缺的重要元素。不同地域、不同文化的人，对颜色的偏好也会不同。一年四季，人们对颜色的感觉也会发生微妙的变化。优秀的广告文案需要在广告中恰如其分地运用色彩，渲染广告的表现力。

例如，红色和黄色能引起积极的反应，热带地区的人对暖色最敏感，金色和红色总会让人联想到中国，等等。下面，我们就通过几种具体的颜色，简单地阐述色彩在广告中的运用。

1. 红色。红色适用范围非常广，也是最热烈的色彩，象征血与火，能传递出强烈的阳刚之气。红色适用于汤类、速冻食品、肉类以及男性用品，如剃须膏容器。

2. 棕色。棕色同样也是一种代表阳刚的颜色，棕色可联系到土地、森林、古朴、岁月、舒适等，适用于任何物品，甚至化妆品。

3. 黄色。黄色吸引目光能力非常强，尤其是与黑色搭配，作用更明显。黄色适合用于谷类或防晒护肤品，能体现朝气与健康，也常用于薄荷制品及软饮料。

4. 蓝色。蓝色是诉求最多的原色，也是最冷的颜色。用于速冻食品能给人冰的感觉，用在轻薄的易拉罐上，会产生"甜"的感觉。

5. 黑色。黑色可以传递出商品精致、高端的信息，通常用于激发人们对贵重物品的购买欲，用于背景色或作为其他颜色的陪衬色效果也非常好。

6. 橙色。橙色是看起来最好"吃"的一种颜色，很容易让人联想起秋天或好吃的东西。

通过色彩让广告更具表现力是一种非常简单、同时又非常难的方法。如果色彩运用不合理，则很容易起到负面效果，这需要从事文案工作的人，平时多注意观察和体会，可以在生活中经常找一些产品设计上的色彩研究，想一想这些色彩给你的感觉，锻炼自己的色彩运用技巧。

第二章 经典广告文案源于创意

> **要点提示** ▶▶
>
> 企业的产品广告引起的最好反响是判定一个广告是否有效的标准之一,这就要求在广告中将绝妙的创意转换成为既能引起目标受众的共鸣,又能符合企业营销与广告战略的表现形式,还要保证创意能通过出色的广告文案技巧实施。

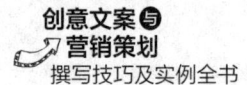

你的文案，把创意表现出来了吗

着手创作广告创意文案之前，必须要确立正确的广告创意观。广告创意文案不等于市场策略的文字化或图像化，更不是体现广告创意文案的制作技术。技术可以模仿和被模仿，创意却是不可以模仿的。想要将广告文案中的创意表现出来，那就需要广告表现策略来帮忙了。

广告表现策略也被称为广告诉求策略，指的是通过一定的技巧和方法呈现广告内容和诉求。广告表现策略的优劣，决定了广告信息能否有效地传达给消费者，进而影响消费者对产品的印象和态度，并最终进行实际的购买行动，也决定了广告最终的效果。

广告表现的重要意义

广告表现是广告创意表现的简称，是传递广告创意策略的形式整合，也就是通过各种传播符号，形象地表述广告信息，达到影响消费者购买行为的目的。广告作品是广告创意的最终表现形式，在整个广告活动中具有重要的意义。

1. 广告表现反映文案创作人员的基本素质。从广告作品中能够一目了然地看出广告文案创作人员水平的高低。优秀的广告创作人员能充分理解广告战略目标、方针，准确地抓住诉求重点；水平较差的广告文案，其作品通常难以引起消费者的注意，作品本身的魅力也就体现不出来了。

2. 广告表现是实现广告目标的中心环节。一个完整的广告作品背后，需要做大量的调查、分析，提出方案、创意、构思，然后再经过文案工作人员的努力，才能将创意转化成实实在在的广告作品。广告表现在整个广告活动中起承上启下的作用，同样也是检验广告作品是否优秀的试金石，因此广告表现也成为广告作品能否实现广告目标的中心点。

3. 广告表现决定消费者对产品的评价。生活中消费者通常都是从广告中认识某产品的，广告表现的好坏，直接影响消费者对产品的评价。例如，当消费者看到他不了解的产品时，自然会去选择广告表现中较为亲切、可信的产品。

广告表现手段

广告作品的表现形式可谓技巧众多，用"千奇百怪"形容也并不为过，但表现广告作品所采用的手段不外乎语言和非语言两种。

1. 语言。广告作品中的语言有两种，即有声语言和无声语言。通常，有声语言有歌曲、对话、旁白等形式，有声语言是电信媒体的主要表现手段，尤其是广播媒体，其广告信息都是用有声语言传达的；无声语言指的是符号化语言，也就是文字、图片等，无声语言是平面广告信息的主要承担者。请看下面这则广告案例。

广告中，一个中年男子在沙发上独白："要不是他，我的脚当时就废了。小时候踢球，脚踢断了，是他毫不犹豫地背着我去了医院，连谢谢都来不及说，就消失了。"另一个男子独白："没想到他竟然在人人网上找到了我，好兄弟，不用说谢谢。"

人人网的这则广告文案,采用简单的独白方式,真情流露,告诉人们,通过人人网可以找到多年不曾联系的好朋友,体现出"情系人人"这个主题。

2. 非语言。非语言同样分为两种,即有声非语言和无声非语言。有声非语言手段指的是音响等设备,用以渲染、强化广告表现,这种手段也是电子媒体广告不可缺少的部分。无声非语言手段主要包括姿态和物态。所谓姿态就是行动或体态,消费者从广告作品中人的面部表情、四肢姿态、躯干动作等表现接收广告信息。所谓物态指的就是广告作品中通过构图、色彩及其他有形实体呈现和传达广告信息。请看下面一则广告案例。

某方便面广告开始时,画面中两位女子,一位正在看电视,另一位正准备享受她的方便面。此时,楼下电话铃声响起,那位正准备吃方便面的女子立即下楼去接电话,而看电视的女子立刻去吃方便面。原来那个电话是她打的,她吃完后放了一只猫在方便面前。那位接电话的女子上来后看到一只喵喵叫的猫和已经被吃光方便面的空碗,只得无奈。

这个广告十分幽默,让人忍俊不禁,女子为了吃一碗方便面什么都做得出来,充分体现了这款方便面的美味。

【学以致用】

将创意融入广告表现中

下面介绍几种广告表现技巧和经验,或许会对你的广告文案创作有所帮助。

1. 会说话的手。

（1）将手背贴在脸颊上，表现出可爱、明朗。

（2）将手心贴在脸颊上，表现黯淡。

（3）将手背放在额头上，呈现淘气的样子。

（4）将手心放在额头上，呈现头疼和烦恼的样子。

（5）将手背放在胸部，呈现反抗与否定。

（6）将手心放在胸部，呈现喜悦、希望与感激。

2. 运动的特性。

（1）商品从左向右动，呈现很轻快的样子。

（2）商品从左上向右下动，呈现美丽而富有情趣的样子。

（3）商品从右向左动，呈现反抗的强烈印象。

（4）商品从右上向左下动，又停在那里，表现出有力量、有说服力。

（5）商品向直上动，可以呈现强烈、有力的感觉。

（6）商品向后退，会呈现稳定、沉静的感觉。

（7）商品向我们的视线靠近，会感觉到兴奋。

3. 女性身体姿态。

（1）S形，体现女性优雅、成熟、深思、哀愁。

（2）C形，体现女性年轻、活泼、不成熟、诙谐、可爱。

（3）I形，体现紧张、威严、严肃、缺乏变化。

创造力和促销力是广告创意魅力的集中体现，这两种力量使广告创意在广告活动中，具有了举足轻重的作用。因此，广告文案的创作要围绕这两点展开，才能让创意通过广告表现出来，最终成就一个优秀的广告作品。

> **要点提示** ▶▶
>
> 　　创意不能简单理解为创造意外或寻找与众不同，这只是创意的一种表象。创意文案要深入探寻"独具一格"的创意内涵，创造差异和寻求不同只是创意的开端。寻求适合广告讯息策略、有效表现独特诉求的独特广告语言和独特广告表现手法以及独特媒体传播方式，才是广告创意文案需要解决的关键性问题，也是广告创意思维要解决的核心问题。

怎样才能找到并完成创意

许多人将创意文案想象成不经过学习和训练就能掌握的东西,甚至认为只要发散思维、奇思妙想就能得到伟大的创意。实际情况却是,创意的过程并没有想象中那么有"创意"。创意是学习和积累的结果,需要遵循客观规律,而不是漫无目的的发散思维。

广告创意是一门关于"引起好奇、惊叹与关注的科学",是一个发现独特观念,并将现有概念用新的方式重新组合的过程,不是随便开个会,来一次"头脑风暴"就能解决的问题。创意过程是一个非常艰苦、耗时很长,同时也是最有收获的过程。

怎样寻找创意

寻找创意是一项长期而又艰巨的工作,这项工作需要仔细检查自己收集的所有相关信息,然后分析问题,从中找到传达所需说明内容的关键文字或视觉概念。简单地说,寻找创意就是在撰写文案之前,首先在脑海中形成广告的大致模样。

1. 形象化。形象化又叫概念化,是广告文案创作中最重要的一步,也是寻找创意的关键,也是建立在广告战略之上的大胆而又富于创新精神的创意,为广告表现注入活力。杜蕾斯的广告为了突出避孕套很薄的特点,将产品与吹出的气泡联系起来,从而给人一种"杜蕾斯很薄"的感觉,然后根据气泡这个象征物,做出了"避孕套形状的气泡",给消费者直观感受"杜蕾斯像气泡一样薄"。许多创意广告都使用了这种方法——给自己的产品找到象征物。

在为一款护肤品做一个广告文案时,可以尝试用形象化方法为其找到象征物,格式如下。

护肤品创意广告:按下岁月的暂停键。

要表达的信息:让你不再变老。

该信息的象征:播放器中的暂停键。

连接点:面霜被使用后的样子,类似暂停键。

几乎任何一个抽象概念,都能够找到具体的"象征物",而且象征物往往不止一个,将象征物与产品特征结合起来,就能得到一个"形象化类比"的创意广告文案。

2. 精雕细琢。创意并非来自闭门造车,而是来源于对素材的运用与改造。我们必须将平时收集的素材进行精雕细琢,才能使其产生价值。精雕细琢的方法就是不断给自己提问题。例如:将这个加上怎么样?把那个去掉会怎样?把它比喻成其他东西会怎么样?通过这种不断变换花样的试验,创意的框架就会逐渐形成。

3. 酝酿创意。在寻找创意的过程中,大脑很容易出现超载状态,最好的解决办法就是将问题暂时搁置起来,给大脑充分休息的时间,让问题在潜意识中酝酿。大脑重新开始的时候,往往就会找到一套全新的思路。

怎样完成创意

寻找创意的过程对文案工作者来说，可不是什么美妙的过程，相信从事创意文案工作的人对这点一定深有体会。落实和实现创意，既是广告文案创作中的关键，又能够让前期辛苦的努力落到实处。

1. 发挥艺术元素。将创意落实到具体文字、构图等，正是艺术元素发挥作用的地方。首先要正确认识，什么是广告中的艺术元素，哪些艺术元素可以打动受众的心灵与感官。如果艺术方向是指广告视觉表现的操作与行为过程，那么艺术元素指的就是广告的整体表现。

例如：文字选择要有艺术性，不仅要起到信息传播的作用，还要激起消费者对产品的好感，精巧的字体不仅会提高阅读效率，还能进一步强化广告信息表现。

2. 塑造传播风格。艺术元素除了文字外，还包括图片风格的塑造。

例如：想要表现一种亲密的风格，可以采用柔焦和近镜头，不必用过多图片刻画情景；戏剧性风格可以突出非同一般的角度与模糊的动态。

如果文案是广告的文字语言，那么艺术就是广告的身体语言，特定的文字、图像与声音的组合，共同构成了广告的表达特点。

再看这则广告：

广告开始时，一位肥胖的男士和一名瘦弱的老头在浴室里洗澡，突然将旁边的香氛拿来喷了喷，然后他们的身体立刻像蛋壳一样碎裂，肥胖者竟变成了健壮的帅小伙，老头变成了苗条的美女。

这则广告对日常生活中的动作采用了联想和夸张，肥胖者变成帅哥，老头变成美女，可谓真正起到了脱胎换骨的作用。广告用这种方式传达这样一层含义：使用了这种香氛，就会让人魅力无穷，具有脱胎换骨的效果。

【学以致用】

几种处理创意的技巧

在创意文案创作过程中，善于运用艺术元素可以让许多策略发生改变。实际上，创意的关键就是如何利用可信的、有品位的方式打破旧元素，然后重新组合，通过运用创新的广告表现方法，在广告活动中表现出广告创意中的创造力元素。

1. 超常规。广告文案可以尝试采用语言与常理、常识相矛盾的处理方式，与产品相结合，使人在特定情境下思考，又让人感觉到合情合理。例如：

咖啡广告——它的苦更甜美；

化妆品广告——今年二十，明年十八；

沐浴露广告——沐浴后，干净不是好现象，××乳液让你的肌肤净而不干。

这种创意文案处理方式的优势在于，这种有悖于常理的文案会与人心中的常识和习惯性看法发生冲突，进而造成悬念，引起人们的思考。经过思考，我们发现这些矛盾背后的蕴意，广告的印象就会牢牢印在脑海中。

2. 可逆推。在创意文案创作过程中，必须要坚持一个原则：文案是过程，不是结果；是事实，不是结论；是说服，不是强暴。例如：

她非常伤心（结果）——她望着远去的列车，流下泪来（过程）；

这瓶水非常纯净（结果）——这瓶水经过了27道工序，不含任何添加剂（过程）。

目前，市场上大多数广告都喜欢跟风，但有的时候，反其道而行之，进行逆向创意，结果往往会更好。人云亦云容易给人带来平庸感与类同感，创意文案同样不应模仿他人的广告创意，只有新颖、独特才能在众多的广告创意中独树一帜、鹤立鸡群，从而产生感召力和影响力。

3. 极端化。所谓"极端化"指的是广告文案采用超常规、奇异、怪诞等形式，让广告更具表现力。例如：

某电器为了体现产品强大的制冷效果，给企鹅戴上了围巾——××真够劲，谁都忍不住打喷嚏；

某运动鞋品牌发布了一个微电影广告，科技含量十足，整个广告让人完全沉浸在大片的既视感中，直至最后产品的出现，这则广告也被网友评论"太烧脑了，神一样的结局！"

上面两个案例，都属于创意文案的极端化处理方式，第一个例子通过企鹅这个最耐寒的形象表现"冷"，收到了极好的创意效果。而第二个例子，则是将极端化发挥到了极致，整个广告就是一部电影大片的感觉，直至最后才出现产品，甚至没有产品特点介绍。不可否认，这种极端化的表现形式，给人们脑海中印象最深的不是广告过程，而是广告最后的产品品牌。

要点提示 ▶▶

广告文案创作团队或广告公司，经常会遇到思维方式倾向于事实性思维的客户企业，这种情况往往会给团队带来创意障碍，这也是许多广告公司放弃客户的原因之一。要避免出现这种情况，就要求广告公司或广告文案创作团队对客户的文化背景、集体思维方式及创意满意度提前做出判断，这样才能在文案创作过程中排除困惑、节省时间和资金。

利用金字塔原理,轻松将创意变成作品

创意金字塔是一种创意模式,这个模式可以帮助创意人员根据不同产品的种类和背景,将广告战略与创意转换成实际而具体的广告。

在现代,广告被认为是运用媒体形式传递的、具有目的性信息的一种形式,其根本目的是唤起人们对某种商品的需求,使人们并对产品或生产这些产品的企业产生了解与好感,最终产生购买行为。

广告金字塔

根据受众对广告信息的接受过程,现将广告目标的几个阶段,用一个"广告金字塔"呈现,如图2-1所示。

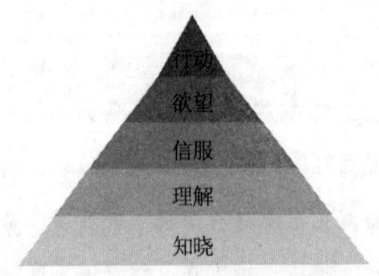

图2-1 广告金字塔

1. 知晓。知晓就是让不知道企业和产品的人认识到企业和产品的存在，也就是通过广告创造知名度，将人们的购买决策变成一种不假思索的选择。

2. 理解。理解是让已经知道其存在的群体，加深对产品的理解，对产品特点进行深入的推介。例如，可口可乐等知名品牌的广告，都是这样。

3. 信服与欲望。再进一步就是信服与欲望，信服与欲望准确地说是一种态度，具有明确的倾向性，里面涉及许多复杂的因素，需要依靠进一步的广告信息创造，其中包括时间、资金和人三个关键因素。例如品牌形象与个性就是产品与人或同类事物之间的联系，品牌感觉与使用经验则是使用者切身体会的反映，等等。

从广告营销角度而言，广告金字塔代表的是广告信息传播模式，反映了一种传统的大众营销模式，也就是广告在讲，消费者在听。随着信息传播手段及市场背景的变化，这种模式也显示出了自身的不足，因此，广告创意文案创作模式，也要根据形势变化而不断调整。

创意金字塔

"创意金字塔"是一种创意模式，这个模式可以帮助创意人员根据不同产品种类和背景，将广告战略与创意转换成实际而具体的广告。创意金字塔与广告金字塔类似，同样是一个简单的五步结构，如图2-2所示。

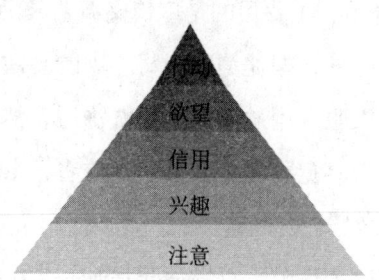

图2-2　创意金字塔

1. 注意。广告本身就是刺激消费者，引起消费者的注意，进而产生感知。因此，广告的首要目标就是引起注意，注意也是整个创意金字塔的基石。比如，日常较为常见的形式就是海报的大标题，通常海报的标题都做得十分醒目，借此吸引目标人群的注意力。

需要注意的是，广告文案从业人员必须知道，潜在消费者通常不会购买第一个引起他们注意的物品。

2. 兴趣。兴趣在创意金字塔中的地位也非常重要，有了它才能将正在注意的消费者引向广告的主体。为了保持消费者的兴趣，创意文案在创作中要保证广告格调和语言与目标市场心态一致，也就是我们前面所说的共鸣。

因此，文案人员必须设法引起潜在客户的兴趣。谈论产品服务怎样解决他们的需要和问题是常用的方法之一。其他有效引起客户兴趣的方法有很多，例如，故事、图表、卡通人物及微电影等。

3. 信用。这里的信用指的是为产品或服务所建立的信用，如今的消费者很难相信那些空口无凭的承诺。通常，比较性广告、名人推荐等，是为产品建立信用常用的方法。这也是目前明星代言费居高不下的主要原因。

目前，广告中经常出现用各种实验结果支持自己产品的承诺。如果想让这种做法有效，就必须保证实验结果的真实、可靠，不要试图通过数据玩弄消费者。广告文案从业团队或从业人员一定要谨记这一点，消费者具备的产品知识，可能比你们更专业。

4. 欲望。欲望环节，主要目的是广告文案要鼓励受众思考自己正在享受产品或服务带来的好处，即让消费者将心中的想法形象化。例如，在洗衣粉广告中，很脏的衣服，用过某洗衣粉洗涤后，洁净如新。需要注意的是，如果广告让消费者察觉到被牵着鼻子走或者被欺骗，那么就会让消费者产生反感，进而对产品失去兴趣。

文案创作在欲望这个环节，可以适当增加一个配角维持这种微妙的平衡，配角可以无意地为产品补充几点好处，但不能喧宾夺主。就像化妆品广告、房地产广告，总会有意无意地表现消费者即将面临的幸福生活。

5. 行动。行动是创意金字塔的最后一步，也是整个广告的最终目的。例如，拨打电视屏幕上的电话、扫二维码购物、光顾网店，等等。到达最后一步的受众最少，但这部分人群也是最有可能产生消费的人群。文案在这里如果能够讲清楚受众需要做什么，并建议他们做什么，那么他们多半会付诸行动。

行动这个环节，文案可以准确无误地传递信息，如"详情请致电"等；也可以含蓄暗示，如"飞跃友好的天空"等。如今，广告不仅要鼓励消费者采取行动，还要努力落实人们的行动，这样才能让广告更有效率。

【学以致用】

创意文案实施技巧

在广告文案的创作过程中，你可能会不断产生新的点子，也会不断推翻自己的方案，这个过程也是最苦恼的。在这个过程中，你可能想到了一个绝妙的创意，但这个创意与产品难以契合，与广告战略也不相符。

此时，你就要学会一些技巧保证这个创意的实施。如果这个创意确定无法实施，那就要果断地舍弃。下面介绍一些创意实施技巧，希望对你的文案创作有所帮助。

1. 调整。想一想，产品除了显而易见的东西外，还可能成为什么？例如，戛纳广告节有一则厢式货车的获奖广告，广告中并没有介绍车的性能和空间，而是展示了用货车车厢搭建的便利店。

2. 想象。不要怕出格，放飞自己的想象力吧！例如，一则酒吧广告中，一头美丽的大象和一头漂亮的驴，穿着西装，坐在桌旁互相敬酒。

3. 颠倒。从对立的方面看待事物，有时结果会具有很大冲击力。例如，某护肤品广告的广告词——"向你的丈夫介绍一位更年轻的女士"。

4. 联系。将两个不相干的想法联系在一起。经常问自己，自己的构思与哪些创意能够产生联系？例如，健康与牛奶广告、草原三者的结合。

5. 比喻。用一个概念去描述另一个概念。这种方式不仅幽默，而且有助于人们理解产品。例如，德芙巧克力的广告词——"牛奶浓香，丝般感受"。

6. 删节。在广告制作过程中，墨守成规难以有所收获，必要时必须打破常规，删掉一部分东西。例如，某汽车广告自始至终都没有出现汽车，只有一条毛茸茸的小狗，开心地坐在风扇前，就像小狗喜欢在车里，从车窗探出头来享受微风轻拂一样。

> **要点提示**
>
> 广告文案与广告设计的目的一样，都是说服潜在客户采取某种行为，满足一些需要和欲望，并提醒他们采取行动。如果说广告金字塔体现的是整个广告的策略，那么创意金字塔就是围绕广告策略创作广告文案的具体行动措施。

第三章
广告文案中的视觉元素

广告受众通常都是通过视觉接受广告传递的信息,所以在广告创作的时候,需要有效运用各种表现形式,增强广告的视觉效果。无论哪一类广告,除语言文字外,其他构成要素都属于非语言文字符号,了解这些视觉元素的基本特征和实用技巧,将有助于我们创作出优秀的广告作品。

视觉元素,你了解多少

视觉元素是人类接受与传达信息的重要工具与媒介,也是构成视觉对象的基本单元和传达语言的单词与符号。人类文明的进化,也凭借视觉元素认识和研究大自然、认识时空观、认识静态事物与动态事物的所有信息。

视觉元素在广告中的运用,主要体现在广告画面中各种视觉元素的组织、排列等编排,通过确定各种视觉元素之间的联系和秩序,进而完成构建整个广告画面的视觉效果。要想在广告中充分发挥视觉元素的作用,首先必须要对视觉元素有深入的了解。

视觉元素主要由信息要素和形式要素组成,信息要素主要包括图形、文字、形状、形体等内容;形式要素主要包括点、线、面、色彩、空间等内容。视觉元素是广告的主要传播途径,往往少量视觉元素就可以提供大量信息。

抽象视觉元素

抽象视觉元素的基本形式是点、线、面,虽然包含一定信息,但无法传递具体的信息,只能通过某种形式暗示一定的含义或象征。抽象视觉元素可以在特定的语境中表达特定的含义。抽象视觉元素在广告的视觉信息传达中，主要是利用点、线、面组成的抽象形体，激发人们潜意识里相关的联想。

抽象视觉元素运用到广告中，点、线、面的实际形态必须要具有一定的形状、大小、色彩、位置及方向，通过这些元素的变化，体现多种多样的视觉效果。文案设计要采取抽象视觉元素与具体形象相结合的设计方式，因为受众很难接受纯抽象的广告作品。

具象视觉元素

具象视觉元素是广告画面构成的基本素材，只有与其他视觉元素相结合，才能构成完整的广告作品，其具体表现形式有以下几点。

1. 人物形象。通常，在广告中人物形象需要根据产品特点和消费者需求确定，不同产品尽量选择与产品理念相近的人物形象，否则广告效果会大打折扣。例如，化妆品、卫生巾等产品广告，应以女性形象为主要视觉元素。

2. 动物形象。动物形象在广告表现形式中是最容易被消费者接受的。在动物形象塑造上，国际广告领域创造了许多经典作品。将动物形象运用到广告作品中，既能吸引眼球，又能增强广告的趣味性。

3. 植物形象。近年来，以植物、花卉等具象视觉元素作为素材的创意广告作品越来越受到人们的喜爱，这些元素可以增强广告的亲和力。

4. 自然景观。广告中，风景素材在各类视觉元素素材里占据的比例最大，使用的频率也最高。虽然多数风景素材在广告中只作为背景或装饰元素，但人们对自然景观的偏爱，让风景类视觉元素成为广告中不可或缺的素材。

关系要素

关系要素包括整体关系、平衡关系和比例关系。在广告创作过程中，视觉元素怎样呈现在画面上，在画面上怎样组织、排列，等等，都是由关系要素决定的。

1. 整体关系。格式塔理论认为，整体不等于部分之和，意识不等于视觉元素的集合，行为不等于反射弧的循环，感知整体关系是一种趋合的心理过程，产生整体知觉，使形态完整。如果广告创作能将两个反差很大的视觉元素成功地配合在一起，那么不仅能使人感觉鲜明统一，还能让作品更加活跃、主题更加突出。

2. 平衡关系。在平面设计中，平衡关系指的是根据图像形状、大小、轻重、色彩及材质的分布，在视觉上产生平衡感，这也是广告设计的基础。

3. 比例关系。比例关系指的是视觉元素各部分之间、部分与整体之间的数量关系，也是构成广告设计中各单位的大小以及将各单位进行编排组合的重要因素。

视觉信息传播原则

1. 个性化原则。广告文案创作对视觉元素的运用也不能千篇一律，应该具备自己的个性和特色，这样才能使受众在广告的个性中感受到产品的魅力。例如，可以通过不同色彩的象征意义，创造个性化产品形象，深挖产品内涵，扩大产品差异化、个性化，从而深化受众对广告作品的理解。

2. 情感性原则。视觉元素可以表达丰富的情感，不同视觉元素可以使人产生不同的情绪。在广告设计中，巧妙地运用视觉元素的感情规律，就能够充分发挥视觉元素的冲击作用，唤起人们内心的某种情感，引起共鸣，最终影响受众的消费行动。

【学以致用】

广告文案撰写要注重促销力

无论是公益广告还是商业广告，都具有极强的目标导向和功利性。广告的促销力不仅成为评价广告文案优劣的标准,也是体现广告独特魅力的重要特征。

1. 刺激。通常,广告文案都在体现产品的优点、特点;也有利用人们的逆反心理,宣称产品如何丑、如何差的广告文案,此类文案充分利用受众的逆反心理特点,往往会取得出奇制胜的效果。

2. 贴切。广告文案在创作之前,要深挖产品的特点,文案与产品定位越贴切,所取得的效果越好。例如,百事可乐的广告,都体现出青春、动感的特点;在选择代言的明星方面,也是如此。

3. 简明。广告文案创作一定要简洁、明了,尤其是标题,因为受众没有耐心在广告上猜谜。同一个内容,若换一个简明的标题就有可能让这个广告的价值成倍增长。

4. 熟悉。已知事物比未知事物更能激发受众的信心,消费者面对两种商品时,选择熟悉品牌的概率非常大,因此撰写广告文案,一定要考虑"熟悉"这个因素。例如,"金嗓子喉宝"的广告文案看起来非常简单,只是将品牌名称大声重复几遍,但广告文案就是利用"熟悉"这个因素,为企业创下25亿元的销售额。

> **要点提示** ▶▶
>
> 视觉元素在广告文案中的运用要灵活,要在尊重客观因素的基础上加以发挥,针对产品特色和广告主题的要求,对视觉元素进行加强或减弱的艺术处理,从而增强广告的表现力,提升广告的效果。

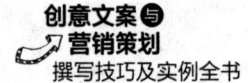

构图给力,广告才更具视觉冲力

广告构图又称作广告布局,需要在一定的版面或空间内,将传达广告内容的各种元素,做出关联与配置,让它们相辅相成,构成一个有机的整体,对受众产生视觉冲击,进而达到广告传播的效果。

广告布局指的是在一定规格、尺寸的版面内,将一则广告的文案、图画、背景灯设计等进行创意性编排、组合,并加以布局安排,以期达到最佳的广告宣传效果。图形、文案、商标等,是构成广告布局的主要要素。

广告构图的基本步骤

1. 创意构图。创意构图是最初的广告草案设计,也是非常关键的一个步骤,通常由广告企划员、文案、美编等人员共同创意,并用粗线条勾勒出来,主要是粗略表达创意的不同布局形式。创意构图通常不必刻意描绘细节,可以有很多幅,经过反复比较选择最佳构图方式,用作广告表现的导向。

2. 粗略构图。粗略构图是确定广告标题、副标题、正文及广告插图等元素后,广告创作团队从产品特色和营销观点出发,确定应该强调的主题和主体,并按照视觉元素运用原则对广告元素进行位置安排和调整,形成具有视觉效果的粗略构图。

3. 最后构图。完成粗略构图，并且广告方案被采纳后，就要对广告版面进行综合构图了，这个阶段又被称作"完稿布局"。此阶段对构图要求高度精细化和具体化，体现广告的整体效果，并最终完成广告作品。

广告构图的基本原则

1. 统变有度。统变有度指的就是广告构图在整体上要统一，在局部上要有变化。优秀的广告作品，整体中的所有元素在局部中都是相对独立、活泼、富有变化的，相对于整体而言，又是相互关联、有情感呼应、形式协调统一的。例如，广告中的产品形象、图画、文字、商标等，都要相互呼应，形成统一的整体。

在具体操作时，统一与变化要在动态上呈现连续与反复的关系，连续是元素形态变化间的联系与统一，反复又是产品有规律、有节奏地延伸，两者搭配使用，既可以增强信息传播、强化受众记忆度，又能够增强广告画面的节奏感。

2. 有主有从。广告的构成元素要主从分明、详略得体。有主无从的广告单调、呆板，有从无主的广告散漫、零乱。构图时，要根据广告主题确定用什么样的元素为主体，并以此主导整个广告画面的塑造，其他元素形式要从属于主体，这样才能让整个广告生动而不呆板，并富有活力。

文案与插图之间的搭配是广告构图中体现最为明显的主从搭配，通常有"图主文辅"与"文主图辅"两种类型。在实际操作中，图文的主从搭配是相对的，两者之间一定要建立呼应关系，使之相得益彰。

3. 均衡协调。广告构图中的均衡协调指的是广告画面结构应该遵循对称均衡、对比协调的原则。这里所说的"对称"是指以一点为基准，向上下或左右同时展开的形态，包括了上下对称、左右对称、三面对称、四面对称以及多面对称等。用同形、同量、同距、同色的组合形式，使整个广告作品中呈现秩序美与规则感，从而形成平稳庄重、严谨宁静的美感。

这里所指的均衡，并非机械平衡，而是整个广告画面给人们视觉上的安全平稳感。在实际操作中，经常会采用的办法就是"对比"，对比包括色彩冷暖、色泽明暗、动静曲直、位置高低、线条粗细、面积大小、数量多少，等等。这些方式都会产生对比效果，借此突出产品特性，吸引受众的注意力。

【学以致用】

善用视觉元素

广告设计虽然与其他版面设计不同，但整体构图只要把握好对称、均衡、对比、分割等原则，就能做到点、线、面的完美结合，尤其是巧用图画和色彩，往往能让广告作品达到事半功倍的效果。

1. 图画。图画元素包括插画、绘画、摄影等形式，是整个广告作品的重要组成部分，若运用得当则可以为广告带来强大的视觉冲击力。广告创作要考虑广告整体采用哪种风格，并针对这种风格创作图画或选择图画，正所谓"一图值万言"，其价值不仅体现在吸引消费者目光上面，而且图画在某些方面更具说服力。

2. 色彩。关于色彩的分类和作用，在上一章中就已经提过。色彩是广告表现要素中，不可缺少的元素，无论是平面广告还是多媒体广告，都离不开色彩的运用。广告创作时，要善用色彩的生理感知特征和心理感知特征调动人们微妙的情感，同时也要把握具有象征意义的色彩。

不同色彩的运用会给消费者带来不同的情感体验。需要注意的是，不同国家或地区，对色彩也有不同理解和禁忌，因此在广告创作之前，一定要了解清楚，做到有的放矢，以免起到反面效果。现在我们来看一则广告案例。

雀巢咖啡有一则平面广告，整个广告画面中，整整齐齐地排放着咖啡杯，每个杯子里的勺子都朝着不同方向，错落中体现出一种另类的美感。雀巢咖啡的文案也非常简单，只是简单的一句"味道好极了"就主导了中国速溶咖啡的市场。麦氏咖啡在中国的广告语为"滴滴香浓，意犹未尽"，结果在中国消费者中调查时，竟然很多人以为是卖香油的。

要点提示

广告通常需要在有限的空间内表现多种元素，构图时一定要分清哪些元素重要，哪些元素次要，将需要重点表现的内容加以突出。只有将画面、图表、产品名称、标题、正文以及广告语等众多元素巧妙联系起来，进行合理搭配，才能使广告取得更好的传播效果。

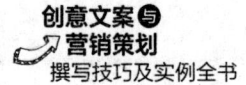

善用色彩，提升广告作品的颜值

相信没有人体验过没有色彩的世界，世界上也不存在没有色彩的广告，往往广告在进入大家视线中时，第一个被感知的就是色彩。大多数时候，这第一眼决定了消费者对这个广告的好恶。因此，善用色彩提高广告作品的颜值，显得非常重要。

相对于文字，色彩的视觉冲击力更强。本质上来说，色彩是通过眼睛、大脑以及人们生活经验产生的一种对光的视觉效应，生活中直接将其称为颜色。由于色彩会在第一时间内进入我们的眼睛，因而色彩的运用在广告创作中占据非常重要的地位。

色彩分类

色彩由无彩色和有彩色两种系列构成，在广告创作中，两种系列颜色混合搭配，会产生不同的视觉效果。例如，黑色与橙色和咖啡色搭配，就会给人一种跳跃感，既有有彩色系列的活泼，又有无彩色的稳重，层次感分明。

1. 无彩色。无彩色指的是白色、黑色及两种颜色组合形成的明暗等级不同的灰色系列。无彩色系没有色相，视觉上更容易使人产生单调的素净

感。广告作品运用无彩色系,往往能够释放产品的内在价值,在一定程度上展现产品的高雅、大方、庄重等特质。

2. 有彩色。有彩色包括红、橙、黄、绿、蓝、靛、紫七种基本颜色和这几种基本色的不等量混合,还包括无彩色系与有彩色系互相混合形成的各种颜色。有彩色系运用在广告中,表现形式更加丰富、活泼。

色彩情感

色彩对视觉的刺激会让人对周围事物产生联想或对过往生活产生共鸣,这让色彩与情感形成了联系,也就是色彩产生的心理感觉。色彩在情感方面的影响,大致分为两类,一类是情绪上的,另一类是感觉上的。

1. 情绪。受到不同色彩的诱导,人的情绪会发生不同的变化,这些情绪变化有正面的,也有负面的。广告中想要精确地把握颜色对消费者情绪的影响,不仅要从颜色本身考虑,还要考虑消费者所处的环境、宗教信仰、素质等各项因素。

2. 感觉。在感觉方面,不同色彩会让人们产生冷暖、轻重、硬柔等感觉。在广告中,产品特点不同,色彩运用上也有所不同。例如,通常夏天冷饮类包装都会采用冷色调,最具代表性的就是雪碧的广告,它传达给受众的信息非常明确,那就是它的清凉。

色彩的影响与色彩本身长期沉淀下来的象征意义密不可分,所谓的象征就是大众受心理定式影响,对某一颜色趋向某种特定的联想方向,如中国红。红色醒目容易引起注意,黄色代表警示,绿色代表通行,于是有了"红灯停,绿灯行"。在我国,逢年过节,许多广告都会以红色为主打色彩体现喜庆,渲染节日气氛。

色彩运用

色彩会对人的情感产生影响,并对其释放的信息产生联想,广告设计过程中，合理运用色彩，能够轻易唤起受众的情感共鸣，使受众乐意接受广告，并受其影响。

1. 色彩强烈的视觉刺激。暖色系颜色视觉冲击力最强，最容易引起受众的兴奋感，使人在第一眼接触时，就会对画面产生兴趣，进而了解广告内容。

2. 营造明快、轻松的氛围。明度、纯度越高的颜色与暖色系颜色搭配，可以使广告画面形成轻松、欢快、愉悦等效果。这种色彩运用手段，可以在一定程度上让受众轻松、愉快地接受广告传达的产品信息。

3. 巧妙运用颜色的质感。不同颜色的质感可以表现不同产品的品质。例如，高档化妆品都偏向采用明度和纯度都高的色彩，以体现华丽感；黑白灰系列色彩，则受到追求品质的产品的青睐。

【学以致用】

一个好文案，图文结合更重要

色彩的视觉表现力更直接，文字的作用同样重要。例如，在特仑苏牛奶的广告中，唯美的草原风格搭配一句简单的广告语——"不是每一种牛奶都叫特仑苏"，不仅通过寥寥几个字将产品与同类产品区分开来，而且整个广告的色彩风格搭配很容易给消费者留下深刻印象。文字与色彩搭配的表现策略，主要有以下3种形式。

1. 理性策略。理性策略指的是直接向消费者展示产品的特点、功能、好处等，让接受广告的消费者进行理性思考，这种策略也被称为伦理型或逻辑型广告表现策略。通常，采用这种策略的产品大多为实用型产品，如家电、冰箱、电脑等。优质产品展示图配以简洁文字介绍，效果很直接，说服力极强，很容易让受众产生购买行动。

2. 感性策略。感性广告表现策略需要用图像、音乐、文字等技巧引导消费者的情绪，使之产生购买欲望。最具代表性的就是雀巢咖啡的系列广告，所采用的主题有爱情、亲情、友情等。广告创作团队一定要注意，感性表现策略要符合产品特点，诉之于情才会有效，否则就会出现牵强、做作的后果，引起消费者的反感。

3. 情理交融。这种表现策略既给消费者讲"理"，又与消费者谈"情"，也就是要在广告中体现"晓之以理，动之以情"的效果。目前，纯粹理性需求或纯粹感性需求占广告的比例非常少。实际创作过程中，要把握好情理交融的度非常重要，也就是说广告创作要侧重于理还是要侧重于情。没有侧重点，最后广告效果就是既没有情也没有理。

文字虽然不具备色彩的效果，张力也不足，但可以在适当的时候、适当的位置唤起受众对色彩的共鸣，烘托色彩的美感。文字是广告的精髓，精练的文字在广告中往往能起到画龙点睛的效果。

要点提示 ▶▶

广告中色彩运用并不局限于上述几种，运用过程中要特别注意它的针对性和准确性，要充分结合消费者习惯和产品特点及公司文化考虑色彩运用策略。简单地说，广告的色彩运用就是要灵活、精准、注重创意。

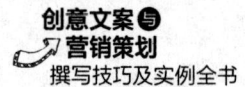

视听结合,为广告作品营造意境

随着科技的发展,现代广告越来越多地借助多媒体平台,利用动感影像传达信息。相对于海报、杂志等静态图像和文字,动态图像更容易被受众接受。尤其是网络媒体,不仅让广告的传播速度更快,也让广告的传播效率更高。

互联网的高速发展,尤其是在移动互联网出现后,媒体的传播形式发生翻天覆地的变化。网络已经渗透到人们学习、生活及工作的各个角落,相信大家都有切身体会的就是每天都要面对铺天盖地的各种广告。

这种情况下,多数人的第一反应不外乎两种:"视觉疲劳"和"厌烦"。而这,也是广告文案创作者需要思考、面对的问题,只有将这个问题解决好,才能让你的广告创意在广告的海洋中脱颖而出。广告文案创作人员必须明白,不管媒体形式发生什么转变,广告的作用归根结底也还是广告中的视觉元素在发挥作用。

创意广告要善用视觉元素

1. 记忆。根据大脑的记忆特点,人类更善于记忆图像信息。举个简单的例子,大部分人都看过电影,当你看完一部电影后,即使过了很久,电影中许多故事情节的画面，依然能在脑海中呈现，但是，对于台词，恐怕能记住的并不多。相对于电影中大量图像信息而言，文字信息相对非常少，但大脑却能轻松记住大量图像信息，对少量文字信息的记忆却十分困难。

视觉元素更符合大脑记忆的特点，表达形式也更直观。因此，想要人们记住一则广告，在广告文案的创作上，就必须合理地运用视觉元素，只要构图足够创新，就很容易让受众记住。

2. 生动。图像广告在产品展示方面具有独特的优势——生动，这无疑会提高产品在受众心中的信任度。但需要注意的是，广告创作对实物产品不能"生拉硬拽"，要考虑更多表达技巧，在情感方面深入思考，这样才能让广告引起受众的共鸣。

3. 美感。相对于图文广告而言，影视广告涉及的视觉元素会更多，给观众的冲击力也更强。这就要求在广告创作中，对视觉元素的运用要更有层次感，在传达产品信息的基础上，形成独有的美感，借此吸引受众的注意力。

4. 效率。平面广告有版面限制，图像广告同样有时间限制。因此，对广告创意人员而言，难点就在于怎样在有限的时间内把创意表现出来。因此，在进行图文广告创作时，必须要考虑怎样在规定时间内，精简广告内容，最大限度优化视觉元素的编排，让受众愿意接受广告，这样才能提高广告的传播效率。在实操过程中，文字表述要反复提炼，并配合形象感极强的实物，让消费者能够快速捕捉到感兴趣的内容，这点非常重要。

视觉元素与听觉元素的区别

既然视觉元素更适合人类大脑记忆，那么听觉元素是不是就不重要了呢？事实上，在图像广告中，视觉元素与听觉元素必须统一运用，这也是平面广告不具备的优势。两者之间拥有不同的特点，听觉元素有助于加深视觉记忆，容易激发受众的购买欲。

1. 人声。对一幅图像，不同人有不同的理解和看法，这个时候就要设计一个与产品相符的人物形象，通过简洁、准确的人声对广告产品进行阐述，引导受众准确理解产品。例如"怕上火，喝王老吉"，简短的7个字，就阐明了产品的特点，既告诉受众王老吉是一种凉茶，又阐明了产品有预防上火的功能，对产品的定位非常精准。

2. 配合。声音元素与视觉元素配合使用，可以弥补画面上的不足，更有效地促进受众做出选择。广告人声包括人物对白、画外解说、旁白等要素，广告创作中不仅要传达产品信息，还不能引起观众反感，这就要求广告文案创作在人声的艺术化、角色化及个性化等方面下功夫。

3. 画面感。优秀的广告要带给受众画面感，这里所说的画面感指的是受众看到广告后，在脑海中形成的画面感。最简单也最有效的方法就是"蝉噪林愈静，鸟鸣山更幽"。

4. 想象空间。质量不高的广告，通常呈现的只是眼睛看到的，这种广告作品，消费者看过也就忘了，很难在脑海中留下深刻的印象。优秀的广告作品，都会给受众留有足够的想象空间，让受众去回味。想要达到这种效果，就要在文案上下功夫。

【学以致用】

文案如诗

媒体广告受时间限制，平面广告受篇幅限制，总体地说，广告创作总是受到各种各样因素的限制。广告创意更像是命题作文，需要在各种规定的束缚下完成创意，在二维平面上完成三维创作。

有限的空间，寥寥几个字，能表达出什么内容呢？这十分考验文案从业者的功底。要想通过精练的文字呈现庞大的画面感，首先不能采用描述的方法，其次就是上面所提到的，给消费者留出足够的想象空间。具体怎么做呢？你可以试着做一个诗人，举例如下。

江雪

千山鸟飞绝，万径人踪灭。
孤舟蓑笠翁，独钓寒江雪。

这首《江雪》是我国唐代著名诗人柳宗元的诗，简简单单20个字，就展现出庞大的画面感。本诗告诉大家，时间是冬季，天气很冷，山也很多，只有一个老者孤孤单单地披着一件旧蓑衣，在钓雪。为什么不是钓鱼呢？钓鱼就无法体现孤独的意境，这就是整首诗呈现的美感。

如果从广告的角度欣赏这首诗，并将其拍成广告，那么镜头首先出现的就是冰天雪地白茫茫一片。镜头拉近，呈现在风雪中披着蓑衣独自垂钓的老翁，整个画面的格调，一下子就能吸引大众的注意力。最重要的是，这种画面感不是通过文字灌输给受众的，而是受众通过文字想象出来的。只有文字精练、饱满，留有想象空间，才能成就一个优秀的广告文案。

要点提示 ▶▶

影视广告想要做到吸引受众的注意力，就需要整合视觉元素，优化文案，在创意上多下功夫。过度追求画面唯美、名人效应，低估消费者的审美观，往往就会让广告效果支离破碎，消费者会毫不犹豫地给你的广告作品打上一个大大的"×"。

平面广告，二维空间的视觉艺术

一幅优秀的平面广告设计，通常充满时代的意识，简洁、明了的信息传达特点能够瞬间抓住人心。因此，平面广告是商业化的二维空间视觉艺术，在表现形式上，具有独特的表现手法与创意。

从空间概念上看，平面广告泛指以长、宽两维形态传达视觉信息的各种媒体广告；从创作方式上看，平面广告又分为印刷类、非印刷类以及光电类3种形式；从使用场所看，平面广告又可以划分为户外、户内及可携带式3种。平面广告的设计制作，包含文案、图形、线条、色彩、编排等诸多要素。

平面广告中的视觉元素

视觉元素由信息要素与形式要素构成，前文已经介绍过，这里不再赘述。这一节中，我们主要讲视觉元素在平面广告中的应用。一幅平面广告，绝大部分信息都来自于视觉元素。视觉要素由色彩、图形、文字、版式4个要素构成，每个要素在平面广告设计中的作用也各不相同。

1. 色彩。环境因素对平面广告的影响很大，尤其是户外平面广告，很多因素都能分散消费者的注意力。因此，户外平面广告一定要色彩鲜明，能够给受众带来强烈的视觉冲击,否则很容易被忽略。另外,色彩的整体效果取决于广告主题的需要以及受众对色彩的喜好,并以此为依据完成色彩的选择与搭配。

2. 图形。图形具有直观、可信、生动、鲜明、形象等特点,可以让广告信息传播得更准确。图形做得好与坏,是平面广告中检验设计者创意与视角是否独特的重要标准,在平面广告中起核心作用。因此,平面广告设计的目的只有一个,那就是利用图形完成平面广告信息传达和促销。

3. 文字。文字在平面广告中具有说明、指引的作用,好文字是成功的平面广告不可缺少的一部分。平面广告设计不仅要优化文字内容,还要在文字排版、图文组合方面多下功夫。

4. 版式。版式指的是在有限的版面上,将视觉元素有机地结合在一起,进行排列整合,使他们和谐地在同一个版面上互相衬托、互相呼应,从而引起受众的兴趣和注意,最终达到产品销售或建立知名度的目的。

视觉元素在平面广告中的创意应用

1. 合理夸张。所谓合理夸张,指的是在想象的前提下,放大产品的某种品质与特性,进而起到加大广告宣传力度的效果。而且,合理的夸张能够更鲜明地强调产品的实质,提升广告的艺术效果。在实际运用过程中,合理夸张主要有形态夸张和神情夸张两种方式。形态夸张为表象性艺术手段,神情夸张则为含蓄性表情化艺术手段。需要注意的是,夸张需要在合理的范围之内,不能脱离实际,脱离实际的过分夸张就会变成欺骗。

2. 对比衬托。对比衬托就是利用对立冲突表现艺术美的一种广告表现手法。在进行平面广告设计时,合理运用对照或直接对比突出诉求产品的优点和特点、呈现差异,往往能够收到很好的效果。实际操作中,可以将产品的性质和特点,通过鲜明的对照和直接的对比表现,互比互衬,借此达到集中、简洁、曲折变化的表现效果,让广告主题层次分明,使之更有深度。

3. 视觉冲击。视觉冲击力强的广告作品，不仅容易引起人们的注意，还能将产品的形态与功能逼真地体现出来，使消费者在观赏中对产品产生亲切感与信任感。在平面广告设计过程中，要注意画面中产品的展示角度，最大限度地展现广告主题中最容易打动人心的关键点，然后可以采用对比的色光及虚实的背景进行烘托，让产品在整个广告作品中更具感染力，广告画面的视觉冲击力也就表现出来了。

4. 巧妙比喻。平面广告中比喻的事物可以与主题没有直接关系，但只要有一个点与主题某些特征类似，就可以借题发挥，延伸创意，让整个广告画面看起来委婉曲折，情感更加饱满。

总之，广告需要用到各类艺术元素，但广告的本身并不是艺术，它只是传达产品信息、宣传品牌形象的艺术形式，因此广告设计不能烦琐，简洁明确、一目了然最好。一幅平面广告，需要将色彩、图形、文字、版式等诸多视觉元素，通过一个画面内展示，想要创作一幅优秀的平面广告，需要对这几个要素进行综合的考量。

【学以致用】

平面广告版式设计

平面广告的版式设计也就是编排设计，即将有限的视觉元素在规定的版面内进行有机的排列组合，用创意思维表达广告想要呈现的美感和规律。平面广告的版式设计只有在视觉上体现个人风格和艺术特色，才能在众多广告中独树一帜。

与几何中心不同，人的视觉中心位于几何中心之上，稍微偏向左侧。因此平面广告在设计时要将主体放在上部和左侧，才能更好地引起人们的关注，另外还可以根据人的视觉规律进行引导，比如利用画面中的动作、手势、箭头等引导人们的视线。下面介绍几种常见的版面编排设计方式。

1. 标准式。标准式就是按照从上到下的顺序排列图片、标题、文字等，属于常见的广告编排类型，虽然简单，但是更符合人们的心理顺序和逻辑思维，阅读效果较好。

2. 定位式。文字与图片各自定位，形成有力的对比，常用于图文并茂的版式设计。定位式又分为上置式、下置式、左置式、中置式和右置式等几种方式，比较符合人们的视线流动顺序，在平面广告编排中也属于常见方式。

3. 斜置式。全部视觉元素向右侧或左侧做适当倾斜，让视线上下流动，这种方式会让画面产生动感。

4. 中轴式。这种方式是一种对称的构成形态，将标题、图片、文字放在中轴线上，这种方式具有良好的平衡感。

5. 棋盘。安排版面时，将整个布局或部分分割成若干等量的方块形态。这种布局方式适用于介绍一系列产品或使用该产品后不同人的不同反应等。采用这种设计要注意不同区域的动感和韵律感。

6. 文字式。以文字为主体，图片做点缀，这种方式需要文案本身具有极强的感染力，字体要便于阅读，图片能够起到画龙点睛的作用。

7. 图片式。这种方式就是整个版面用一张图片，如常见的人物形象。采用这种方式，一定要选择能表现出广告创意的高质量图片，这样才能对广告视觉效果起决定性作用。

上述版式设计都是比较常用的，具体设计过程中，不能孤立看待某一种编排形式，经常需要相互穿插应用。唯有掌握基本原则，运用熟练后，才能从有法到无法，创造出独特的版面设计。

要点提示 ▶▶

　　创意绝非凭空而来。创意广告作品最重要的突破点，就是找到与主题及信息传达最契合的元素，挖掘两者之间的本质联系。如此，最佳表现的切入点与表现方式，才容易被捕捉到。

电视广告,复杂的视觉表现形式

电视广告是当今视觉文化的重要组成部分。电视以影像传达信息,这让电视广告的视觉性更强,因此即便网络媒体已经渗透到生活的各个角落,依然无法取代电视广告的主导地位。

电视广告在视觉性上的体现,主要有视觉专制性、视觉感性化等特点。相对于平面广告会受到版面限制而言,电视广告同样会受到限制,那就是时间限制。通常,电视广告的时间是按秒计算的。因此,电视广告文案的撰写,也与平面广告截然不同。

电视广告的特殊性

1. 形式特殊。电视广告文案不同于其他形式的文案,创作过程中不仅要运用一般的文字符号,还要掌握影视语言,运用蒙太奇思维,按照镜头顺序进行构思。这种创作方式类似于剧本写作,因此也被称为电视广告脚本。

素材、主题、艺术形式、表现手段及广告语等,是构成电视广告的主要元素,也是电视广告创意的重要组成部分,这些都需要通过脚本创作表现出来,因此电视广告文案在形式上具有有别于其他广告文案的特殊性。

2. 性质特殊。电视广告脚本是创意的文字表达形式,广告主题、形象塑造、信息内容传播等，都需要通过脚本体现，因此，脚本也是电视广告文案写作的重要组成部分。与平面广告文案性质不同的是，电视广告脚本并不会直接与受众见面，也不是广告作品的最终呈现形式，只是为导演进行再创作而提供的详细计划、文字说明或蓝图，是整个广告作品形成的基础和前提。

脚本包括文学脚本和分镜头脚本两个类型。文学脚本是分镜头脚本的基础，分镜头脚本是文学脚本的切分与再创作。前者由文案撰写人员创作，后者由导演完成。

影视语言

影视语言是电视广告信息传达的手段，也是影视形象得以形成和体现的基础条件。对电视广告而言，影视语言就是电视广告的生命。

1. 影视语言的特点

（1）具象性、直观性。影视语言是用具体形象传递信息，更具直观性、具象性。

（2）运动性、现实性。影视画面通过摄像机记录现实产品，观众可以获得身临其境的感受。

（3）民族性、世界性。影视语言不仅能够体现鲜明的民族特征，还是一门世界性语言，已经成为各国人民思想交流及传递信息的工具之一。

2. 影视语言的构成

（1）视觉。视觉内容包括屏幕画面及字幕。

（2）听觉。听觉内容包括语言、音乐、音响。

（3）蒙太奇。蒙太奇由法文音译而来，指的是影视作品中的剪辑技巧。

电视文案撰写注意事项

蒙太奇思维和影视语言决定了电视文案的写作，既要遵循广告文案写作的一般规律，又要掌握脚本创作的基本规律，具体要求主要有以下几点。

1. 电视广告文案，也就是电视广告脚本的写作，必须先分析、研究相关资料，明确广告定位，确立广告主题，然后再构思形象，确定表现形式和技巧。

2. 文案创作必须要用到蒙太奇思维，也就是学会用镜头进行叙事，语言风格要直接、形象，容易转化为视觉形象。

3. 以镜头段落为顺序，用语言描绘一个个广告画面，同时需要考虑时间因素，每个画面的叙述，都要有时间概念。

4. 视觉为主，听觉为辅，电视广告文案的创作要视听结合。这就要求文案人员在广告作品中，将听觉与视觉两大元素融合在一起。

5. 广告文案的创作，要充分运用感性诉求的方式，引导受众产生正面"连带效应"。这就要求脚本必须生动、形象，具有艺术感染力。

怎样写好广告语

广告语也叫解说词，广告语的构思与设计，在很大程度上决定了电视广告作品的成与败。

1. 分类。广告语包括画外音解说、人物独白、人物间的对话、歌曲、字幕，等等。在具体脚本创作中，可以根据创意和主题选择1～2类广告语，不能贪多、求全。

2. 作用。广告可以弥补画面上的不足，也就是用听觉补充视觉表达的内容，深化主题，强化产品或品牌信息。

3. 撰写要求

（1）人物独白或对话，要偏重于"说"，体现出生活化、口语化，要流畅、自然。

（2）旁白或画外音解说，可以用抒情的形式，也可以用逻辑严密、夹叙夹议方式。

（3）以字幕形式出现的广告语，要符合电视画面构图原则，尽量做到简洁、均衡、工整。

（4）标语口号的撰写是广告语的重点，首先要注意合辙押韵，其次要尽量简短，使其容易记忆和流传。

【学以致用】

广告时间

电视广告通常有5秒、10秒、15秒、30秒、60秒等几种时间段。电视广告文案创作不仅要考虑广告策略、信息内容、目标受众等情况，还要严格地与所选择的时间段相对应。根据不同时间长度，电视广告文案强化表现力的方法也各不相同，常用的方法主要有以下几种。

1. 瞬间印象。5秒时段的电视广告主要以加深受众对广告信息印象、强化受众对广告主体特定形象的记忆为主，通常采用瞬间印象体的表现方式，也就是一闪而过，将有强烈视觉冲击力的画面与简练的广告语相结合，突出表现企业形象或产品品牌，比如，"喝×××酒，做天下文章""好空调，××造"等。

2. 名人推荐。10秒与15秒时间段的电视广告，多数以对广告信息做单一的、富于特色的传播为目的，重点突出企业形象、品牌个性或产品独特卖点。常用的广告表现形式有名人推荐体、动画体、新闻体及悬念体，等等。

3. 多角度展示。30秒时段的电视广告通常采用名人推荐体、消费者证言体、示范比较体、生活情景体及简短的广告歌曲形式，从多角度表现产品的功能、利益点，如"南方黑芝麻糊"的广告。

4. 完整表现。60秒时段的电视广告，可以表现更丰富的广告内容，因此通常采用广告歌曲体、生活情景体、消费者证言体、示范比较体等表现形式较为完整的方法，对产品突出特点进行详细描述，加深受众的印象。

【参考范文】

创意目的：突出跑车的吸引力。

文案内容如下。

1. 画面一：一位男子走进一家音像店，店中正播放着一首优美的女声歌曲，男子伴着音乐在店里挑选CD。突然，音乐中只剩下伴奏的声音，没有了女声，店里的人发现这点，都转过头看着店主。

2. 画面二：店主也是一脸茫然，然后拿出那张CD，又换了另一张进去。音乐响起，也是一个女声歌曲。

3. 画面三：一切恢复正常，大家又开始享受音乐，挑选CD。就在这时，音乐里的女声再次消失，只剩下伴奏声。店主又换了一张CD，同样是女声，不过，同样的事情再次发生。

4. 画面四：第一个画面中走进音像店的男子突然像明白了什么似的，冲出商店，来到停在店门口的一辆裹着黑色油布的小车前。他打开车门，里面出现了三位美女，正是刚才那三张CD中的几位女歌手，三位美女都微笑地看着他。

5. 画面五：男子笑着摇摇头，一只手潇洒地掀掉盖在车上的油布，一辆华丽的××牌跑车顿时出现在画面中。

6. 画面六：男子跳上车，发动车子，镜头里，载着三位女歌手的轿车越开越远。

7. 画外音：××跑车，遮不住的光芒。

> **要点提示** ▶▶
>
> 在进行电视广告文案创作时,文案语言与画面情节中具体人物要结合得自然、紧密,注重塑造和协调具体环境气氛,通常不要孤立地采用"直白"的表达方式。不要将文案语言当作解释工具,以免破坏了电视画面本身具有的表现效果,导致给受众带来冗杂、多余的不良感受。

第四章
创意电商文案撰写方法

许多文案作品,看起来不错,用在产品上挺好,也有画面感,但给人的感觉就是"不走心"。还有些文案作品经常把"噱头"作为卖点并夸大,结果产品的本质优点却没讲清楚。要知道,文案在电商时代,依然是营销的灵魂,依然是"内容为王"。

电商文案，不能写得太任性

电商文案本质上依然以销售为最终目的，因此不能乱用词语、句子。目前，许多电商广告文案为了博得眼球，把"雷人"的话都当作广告语，但最终的销售效果，却十分不理想。

在这个快节奏的网络时代，消费者对广告的免疫力逐渐增强，想要写出能够打动人心的电商文案十分不容易，仅凭借几句鸡汤文就能让消费者感动的时代一去不返。作为电商文案的创作者，一定要不断提醒自己，你是卖产品的，你写的东西一定要言之有物，那些灵感闪现出来的广告语，即便很好，只要与产品不符，就要删掉重写。

电商文案的特点

电商广告文案的最大特点就是媒介，广告作品最终通过网络媒介传播，这与电视、地铁等渠道广告不同，写作时一定要符合电商广告的特点。

电商广告的生存时间极短，有人说电商广告的生存时间只有2秒，如果2秒内广告作品没有办法抓住消费者的眼球，进而促成点击，那么这个广告就浪费了。事实上，2秒的时间绝不夸张，甚至更短。

在网络平台上，如果消费者没有第一时间点开你的广告，那么以后也

第四章　创意电商文案撰写方法

不会点。路边的平面广告，无论你想不想看，都会重复地加深人们的潜意识记忆；但网络广告不同，消费者不想看，那就真的看不到。

因此，电商广告文案的第一要务就是尽量用最短的时间把图文信息传递给消费者，不要拐弯抹角，要做到稳、准、狠。记住，你的时间只有1～2秒钟，想要在广告堆里被消费者点击，就必须具备速度与激情。

电商文案构成要素

想要在短时间内引起消费者注意，并促成点击，就要求电商文案必须逻辑清晰，易于阅读。下面让我们看一下电商文案的基本构成要素。电商文案的基本构成要素主要包括：标题、副标题、促销信息、日期时间和标签。当然，在实际写作中，并不是所有要素都要体现出来。

电商文案的标题一定要精简，最好不要超过8个字，而且为了明确主题，尽量使用易于传播的口语化语言，做到生动、灵活。文绉绉的语言不要写进电商文案中，无论是电商文案从业人员还是设计人员，都要有很强的营销意识，如果没有营销意识，则很难做好电商文案。

电商文案要清晰明确

毫无疑问，电商文案可以带动产品销量，优秀的电商文案可以推动整个电商平台的销售。随着我国电子商务的发展、几大电商巨头的竞争，电商文案被推到了战斗的最前沿，于是出现"京东——别闹，苏宁易购——别慌，当当网——都别吵，易迅——别吹，亚马逊中国——比价，国美——都别装，1号店——都不信"等广告语。

那么，写好电商文案有哪些技巧或要求呢？简单地说，就是做到清晰明确，将广告主题简单、粗暴地传递给消费者。

1. 逻辑清晰。电商文案的撰写必须逻辑清晰，尤其对促销信息，一定要写清楚，不能产生歧义。

2. 言之有物。所谓言之有物，就是深入分析产品优势，找出关键词，通过对关键词的串联，生成相匹配的文案。

3. 不要乱用英文。许多文案都喜欢写点英文，其实这个习惯最好改一改，写上英文不代表你的产品就"高、大、上"，而且极容易出现用词不当的错误。

4. 抓住关键词。抓住关键词在电商文案中非常重要，奥巴马竞选总统时的演讲词，就是个非常好的例子。奥巴马第一次竞选总统时，用的关键词就是"change"（改变）；谋求连任时用的关键词是"forward"（向前、前进）。

奥巴马成为第一任黑人总统，这就是改变；谋求第二次连任是前进，更加直接地表明，跟着我前进，或者说我将带领美国继续前进。这两个关键词的指令性很强，非常容易进入人们的大脑，并迅速行动起来。电商文案寻找的关键词，就是为了达到这样的效果，影响消费者的行动。

用创意视角看问题

电商时代的文案，就是用最快捷、最直接的语言，传递一个完整信息。从世界上许多知名企业的电商广告案例中，我们可以轻易看到他们产品的定位、创新、特色服务等信息。由于网络广告拥有成本低、传播速度快等特点，因此电商文案撰写必须用创意的视角看问题、分析问题。

在竞争越来越激烈的电商时代，细节营销被运用到了极致，电商文案的撰写，唯有从创意、营销的角度出发，才能达到提升销量的目的。

【学以致用】

通俗而言，电商文案的目的是在网络平台上实现销售。为了更好地实现这个目的，电商文案在撰写时要注意抓住以下几个要点。

1. 明确产品本身的优势。充分了解产品特点，清楚产品能满足人们的

第四章 创意电商文案撰写方法

哪些需求,然后将关键词找到并罗列出来。

2. 明确目标消费人群。深入调查目标人群的消费特性,找到消费人群的需求点,然后在撰写电商文案时要突出产品在这方面的优势。

3. 关键词的组织与整合。根据调查研究,将罗列出的关键词进行筛选、组合,得出既容易记忆,又能体现产品特点的语句。

例如,有这样一则房地产广告:

房子是用来养家的,房子不是用来养小三的。

据说这则广告让这个楼盘在3个月内快速卖光,而且80%的消费者都是女性。那么,电商文案有什么写作技巧与方法呢?

1. 九宫格思考法。这种方法很简单,拿出一张A4纸,先用笔在上面分成9个同样的格。中间格子填写商品名称,其他8个格子填写产品优点,借助这种简单的方法逼迫自己思考创意。

2. 型录要点衍伸法。这种方式指的是将产品特点照抄下来,然后依据主题,对每句话进行延伸,这样做会让文案更具说服力。

3. 三段式写作法。第一段,提炼文案全文,多数消费者都没有耐心看完全文,除非文案特别有吸引力;第二段,依照型录要点衍伸法,逐一阐述该产品的特点;第三段,强化产品独特卖点、优化价格或赠品。

电商文案,写长一点儿好,还是写短一点儿好呢?就这个问题而言,主要看产品特点和个人能力。如果擅长写长文章,既能突出产品特点,文章内容又能让消费者津津有味地读下去,那么何乐而不为呢?如果文字功力欠佳,那么突出产品卖点就好。

> **要点提示**
>
> 虽然电商文案的撰写方法和技巧有很多，但就文案本质而言，明确目的比掌握很多方法更重要。电商文案的撰写，要直指消费者痛点、深入消费者内心、引起消费者共鸣，这也是许多电商文案人员容易忽略的问题。

只有深挖卖点，才能戳中痛点

电商文案效果好坏，取决于文案能否体现产品卖点、戳到消费者的痛点。产品一旦找到好的卖点，销售量就会直线上升；反之，产品卖点不突出，文案做得再精美，也无法打动消费者。

许多文案创作人员在面对产品时，都会面临产品卖点提炼这个难题。好不容易提炼出卖点，消费者还有可能不买账，为什么会出现这种情况呢？最重要的一个原因就是卖点没有戳中消费者的痛点，或者消费者可能无法理解文案表达的意思，或者文案没有充分表现出产品的卖点。

想要创作出优秀的电商文案，首先要学会让消费者给你提炼卖点。"让消费者给你提炼卖点？没搞错吧？"是的，你没有看错。电商从业人员都知道，买家评论中有好评也有差评，商家当然乐意看到自己的产品都是好评，差评越少越好。而优秀的电商文案创作人员，却能从中敏锐地发现以前没有注意到、想到的产品卖点。产品生产企业对自己的产品都有准确定位，卖点也很明晰，文案的工作就是将这些卖点，结合消费者的痛点，做到精准的信息传递。

是不是卖点，消费者说了算

"王婆卖瓜，自卖自夸"，电商文案最忌讳的就是夸夸其谈，因为你讲得越多，消费者就越反感。什么是卖点？消费者提出的、关心的，我们称之为卖点；企业提供的产品功能、特点等，也是卖点。只是消费者和企业的角度不同，但两者之间并不矛盾。电商文案不仅要了解产品本身具备的卖点，还要站在消费者的角度思考，用什么样的表达方式，消费者更容易接受。

消费者为什么会买产品？答案很简单，就两个字：有用。"有用"就是需求。所以，文案在展示产品卖点时最有效的方法就是，消费者遇到了什么问题，我们的产品能帮助消费者解决什么问题，让消费者一下子就能得出这样的结论："这个产品对我'有用'，正是我'需要'的，能帮我解决眼前的'问题'"。

引导消费者关注卖点

消费者在需求方面，主要有显性需求和隐性需求两种。显性需求指的是消费者自己提出的，如他们想要的产品的价格、颜色、大小等；隐性需求指的是消费者关注的或关心的，但还没有提出来或没有意识到的一种潜在需求。

电商文案在撰写时，必须要将这两种因素考虑进去。对于前者，要简单、直接地告诉消费者，我们产品的卖点，可以满足你的需求；对于后者，以产品核心卖点为中心，详细展示产品功能、风格、价格等元素，引导这类消费者关注卖点。优秀的电商文案，不是做产品推销，而是引导消费者正确选择产品，用我们产品的标准衡量其他同类产品。

通过品牌竞争优化卖点

电子商务的飞速发展，打破了许多产品的行业壁垒，不同品牌的同类产品之间的竞争可以用惨烈形容。也正因为电子商务的这种竞争特点，文案从幕后走到台前,从指挥部走上战斗的最前线。之前,某品牌为了攻击海尔,有这样一则文案"他服务好,是因为他质量差"。

目前,各大电商平台文案之间的战斗,进入了短兵相接的时代,相互之间类似的文案攻防层出不穷。所以,电商文案从业人员要适应这种节奏,从竞争品牌的文案中寻找创意,找到自己产品新的突破点。例如,××品牌衣柜的广告文案称:

我们的产品每个轮的底部都有两个防跳装置,使用更安全;其他品牌只有一个防跳装置,或没有防跳装置,滑行时容易出轨。

从行业内部看,这个优势非常明显,很难超越,但是,某品牌做出了这样的回应:

××品牌有两个防跳装置,那是因为他们产品的滑轮与导轨质量差,结合不稳定,容易出轨,我们的产品质量非常稳定,根本不需要防跳装置,而且各种防跳装置还会磨损导轨,缩短产品的使用寿命。

从上述案例不难看出,优秀的文案不仅可以突出卖点,还能反败为胜,原本的劣势经过这样的描述,不仅有力地回击了竞争对手,还突出了自己产品的质量和卖点,最关键的是,消费者更相信这种说法。

【学以致用】

电商文案创意模仿小技巧

这里所说的模仿创意,指的可不是"抄袭"。那么,什么是模仿创意呢？又怎样通过模仿创意让产品卖点给消费者留下深刻的印象呢？下面为读者介绍几种小技巧。

1. 功能模仿。功能模仿指的是将产品卖点进行各种形象的功能性模仿，如飞机模型产品可以模仿鸟类飞行、洗衣机类产品模仿人手的动作等。模仿可以让文案解说更准确、生动、形象。

2. 色彩模仿。对于一些特殊产品，我们可以通过色彩联想创意的方法提炼卖点。例如，空气加湿器的创意文案，可以通过对颜色加以联想，营造出绿色森林的环境，让产品页面鲜活起来。

3. 拟人联想。拟人联想指的是赋予产品人格色彩。例如，水杯的创意文案可以用"秀外慧中的女子""玲珑曼妙的曲线"等拟人化的方式突显产品的卖点。

4. 时事结合。结合当下流行的事物、语言等，让消费者更感亲切。例如，某品牌的开核桃器，就利用了水果忍者等流行游戏特点，让页面更具有趣味性，消费者的印象也更加深刻。

5. 提炼润色。文案通过对产品卖点进行提炼，获得可以贯穿所有卖点的关键字，再进行润色处理。例如，"风尚'菱'距离""让烦琐归'菱'""设计'菱'巧贴心"等，将产品品牌的"菱"字与卖点结合，巧妙又恰到好处。

电商文案通过模仿创意设计能让消费者在阅读详情页时，对产品了解得更到位，并且对比同类竞争产品更具创意优势，有助于提高有效转化率。

> **要点提示** ▶▶
>
> 提炼产品的卖点并不难，难的是将卖点用其他形象化的形式更丰富地表达。将功能文案转化为解决问题的文案，才能让产品卖点戳中消费者的痛点。

电商文案,凝聚在笔尖上的销售

线下销售的特点之一就是,销售人员与消费者可以面对面交流,但文案与消费者之间的距离却很远;而电商销售的显著特点是,消费者与销售人员的距离变远了,却与文案的距离变近了。在电商领域,文案是否有效可以快速地通过销售额反映出来。电商文案就是实打实的笔尖上的销售。

既然电商文案是一种笔尖上的营销,那么电商文案就要起到说服消费者自主下订单的作用。要做到这一点,不仅要掌握一些撰写技巧,还要对产品、服务进行深入了解,更要了解消费者的消费心理,吸引让消费者从文字第一句看到最后一句,然后点击"购买"按钮。

文案也需要充满热情

电商文案与其他文案的不同之处就在于,它承担着说服消费者直接产生购买行为的责任,这就像线下销售人员向消费者推销产品一样。首先,要想说服消费者,必须先说服自己,文案写作要对产品和服务充满热情,相信自己的产品是最好的,是能帮助消费者解决问题的,这样写出的文案,才能让消费者感受到热情,产生信任感;其次,不要试图用欺骗的方法博得眼球,消费者选择产品是因为需求,而不是因为智商低。

好的电商文案要"走心"，想要写出一篇"走心"的文案，就必须投入自己的真诚与热情。当然，只有热情，也无法创作出一篇优秀电商文案，但热情和真诚却是优秀电商文案的创作基础。

标题是有效文案的关键

前文不止一次提到标题的重要性，电商文案更是如此。一个消费者通过点击进入页面后，通常都会处于快速浏览、寻找、离开的状态，通常这个时间只有1～3秒钟，不要奢望消费者有耐心看长篇大论，唯一的机会就是通过标题吸引消费者产生看下去的冲动。首先，让我们看一下标题的作用。

1. 吸引眼球。这是最重要的一点，字体、颜色、内容、位置等因素决定一则标题能否让消费者的目光投向并点击它。

2. 信息传达。标题需要用尽量简短的几个字或一句话，传达一个完整的信息，通常标题为8～12个字。

3. 引导作用。标题的另外一个重要作用，就是引导消费者看下面的正文，如果无法引导消费者看正文，那么一切努力就付诸东流了。另外，文案标题切忌文不对题，因为这会引起消费者极大反感，影响消费者对产品的信任度。

好标题通常都具备三个特点：首先，清楚地说明对用户的好处；其次，勾起用户猎奇心，让用户能接着往下看；最后，标题与内容要紧密相扣，别让用户看完后大呼上当。

用词要灵活、准确、精练

中国汉字文化博大精深，同样的词语，只是调一下词语的顺序，表达的意思就会大不同。因此，在创作文案时，尽量使用具有积极效果的词，避免使用负面效果的词。例如下面这两句话。

购买××产品，您将立即赢得100元代金券。

感谢您对××产品的信赖，我们愿意少赚您100元。

有人会问，这两句话不是一个意思吗？是的，两句话的确是一个意思，但两句话给人的感觉显然是不同的。"赢得"让顾客产生占便宜的感觉，而"少赚"则还是强调商家在赚取顾客的钱。同时，电商文案不是论文，也不是报告，可以根据产品特点，写出个性风格，少用艰涩的专业词汇及一些大而空的语言，尽量用词简洁、生动、灵活、准确。此外，文案用语越贴近消费者越容易被消费者接受；越简单，就越容易让消费者产生信任，也就是"接地气"。

便于快速阅读

消费者浏览网站与读书不同，没有消费者会将一个网站的文字都看一遍再翻页。因此，电商文案在文字处理和排版方面，一定要做到有利于快速地浏览和阅读。

1. 多分段。所有人都有这样的感受，面对"一堆"文字，无论内容是什么，都很难有读下去的欲望，尤其是浏览网页时，堆积在一起的大段文字更令人难受。因此，电商文案尽量不要写太长内容，如果文字较多，则最好的办法就是遇到"句号"就分段，不要让消费者产生阅读疲劳感。

2. 小标题。巧妙运用小标题，会让文案条理更加清晰，逻辑结构更加合理，让消费者对文案表达的内容一目了然。

3. 表格。产品卖点及功能介绍等，尽量使用表格形式，有助于消费者快速抓住重点，找到自己的需求点。

总之，电商文案就是在笔尖上做销售，文案撰写必须站在消费者的角度思考问题，然后清楚地回答消费者怎样解决问题，产品或服务能给消费者带来什么好处。不要试图做一些看起来档次很高、抽象到连自己都看不懂的文案，如果你这么做，那么结果就是"你抽象，消费者抽你脸"。

【学以致用】

文案要打好情感牌

最近有一部电影非常火，在国内上映五天，票房突破10亿元。没错，这部电影就是《魔兽》。但是，这部电影在其他国家，票房和评价并不是很高。这也说明一个问题，人家卖的不是电影票，而是情怀。

电商文案同样如此，想要创作出优秀的文案作品，就要学会卖情怀。人是情感动物，购物时也是如此，尤其在网络购物方面，许多消费者的购买行为都属于冲动性购买。相关调查显示，多数消费者是因为"我想要"而买，而不是"我需要"才买。

尤其是女性消费者，她们在买衣服或化妆品时，通常不会考虑自己是否缺少，买后自己是否会使用，购买的原因就是单纯"想买"而已。

因此，电商文案摆事实、讲道理、费尽周折，远不如一句触动情怀的话更有效果。例如，赚钱、健康、快乐、年轻、爱情等话题，都可以被充分地利用起来，结合产品为消费者营造各种情怀，具体可以参照下面3种操作方法。

1. 图文并茂。主题一目了然、简明扼要。如活动主题、促销主题等，尽量做得更具有吸引力，让消费者有购买的冲动。这里要注意，重点是刺激购买冲动，而不是购买需要。

2. 产品详情页。围绕产品的描述要循序渐进、层层递进，既不突兀又不夸张，用幽默、灵活的语言让整个页面活起来。

3. 讲故事。电商文案要学会讲故事，用情怀触动消费者的情怀。要想做到这一点,必须对消费者人群进行精准的定位。例如,江小白酒卖的也不是酒,而是情怀。

要点提示 ▶▶

不会写电商文案的人,把文案写给自己看;会写电商文案的人,把文案写给目标消费者看;最会写电商文案的人,把文案同时写给目标消费者与搜索引擎看。

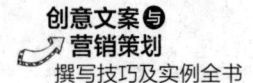

电商文案,要集中兵力打"歼灭战"

电子商务平台上,总会出现这样或者那样令人惊艳的文案,但轮到自己写文案时,绞尽脑汁也想不出一件能打动人的作品,只能东拼西凑,最终的效果可想而知。那些优秀的文案,是怎样写出来的呢?怎样才能写出令人拍案叫绝的电商文案呢?

许多文案创作人员可能都会有这样的经历:拿着几张图开始找卖点,一番痛苦调研和深思之后,勉强开始漫无目的的创作,几经修改,信心满满地去找老板,老板仅用眼角余光扫了一下图片,就指出产品的卖点应该在哪里。

这就是所谓的洞察力。文案不是用排比、比喻等修辞手法烘托文学作品,想要写好文案,就要好好培养自己的洞察力。那么电商文案怎么写,洞察力从哪里来呢?首先你要了解消费者的购买动机,只有了解消费者的购买动机,才能通过文案有目的地激发这种动机。因此,电商文案对目标受众的定位一定要精准,不能"遍地撒网",要集中优势兵力打一场"歼灭战",而不是"攻坚战"。

消费者的购买动机有哪些

1. 求实惠。拥有这类购买动机的消费者多数为年纪较大一些的家庭主妇，此类消费者在购买实用性很强的产品时，性价比是他们关注的重点，因为这类消费者追求的是经济实惠，对外观、文化等方面关注的并不多。电商文案针对这种购买动机，侧重点要从加量不加价、量大从优、优惠活动等入手，将消费者的购买动机激发出来。即便家中还有存货，只要能让此类消费者实惠感暴涨，那么他们仍然会再购买一批囤积起来。

2. 买新奇。拥有此类动机的消费者以青年为主，他们追求的是新奇、潮流、与众不同。他们对产品价格、实用程度关注并不多，电商文案针对这类消费者，要注重标新立异和对产品的个性化描述。例如，使用"独家""纪念版""限量"等关键词冲击消费者的眼球，提升他们的购买欲望。

3. 便利性。拥有此类购买动机的消费者追求购买流程的便捷性，注重省时省力，希望能快速完成交易过程。电商文案针对这类消费者，要在文案中尽可能告诉他们"我们能帮你省时间"，可以使用"急速发货""一站式购物"等关键词吸引他们的目光。

4. 买情怀。拥有此类购买动机的消费者可以接受大多数品类的产品，关注重点是浪漫情怀、精神生活、色彩造型等方面。针对此类消费者，在文案与设计方面都要下功夫，能够把消费者带入某个特定场景或者特定时空中，让他们感受到某种情怀。因此，文案重点是加强产品的内涵和故事性。

了解了消费者购买动机之后，就会对文案创作方向有了一些想法。那么，怎样才能充分针对这些购买动机，撰写一份优秀的电商文案呢？

撰写电商文案需要把握的重点

1. 精准定位核心目标人群。文案开始构思之前，一定要做好市场调研。电商的优势就在于，不用花费大量成本就能完成调查问卷的工作，那就是大数据分析。以淘宝指数为例，看一下我们怎样确定目标人群。比如，关于零食的目标人群，通过网购数据可以得出以下结论。

（1）喜欢网购零食的女性消费者大于男性消费者。

（2）除了喜欢吃零食的消费者之外，家庭主妇、白领和学生所占比例较大。

（3）消费者年龄在15～30岁，消费水平处于中等层次。

根据调研数据，我们就可以确定自己的文案风格了，撰写出此类目标人群喜欢的文案。具有代表性的网络品牌"三只松鼠"，就通过松鼠的卡通形象、拟人化的语言风格，准确地抓住了目标消费者。

2. 固定产品要统一风格。任何一个品牌的成长，其风格从一开始就要固定下来，品牌风格主要是通过产品、文案和设计三者体现的。因此，文案创作一定要符合产品风格，并延续这种风格，如果文案风格与产品风格不相符，就很难得到目标受众的认可。

3. 素材累积与筛选。电商文案同样需要寻找和累积素材。当主题基调确定后，就要寻找与之匹配的素材，如句式、修辞技巧、网络流行语等，然后进行拆分、组合、再创造。

（1）拆。将旧资料进行拆分，例如"世界上独一无二的手机"。

①文字分解：世界上、独一无二的、手机。

②功能分解：推销手机。

③对象分解：写给手机消费者。

（2）散。用发散思维拓展信息。

①世界上：中国、古代、世界上、100年、5000年、近20年等。

②最伟大的：成功、卓越、有效、爽快等。

③手机：大屏幕、闪电快充、品质、服务等。

（3）连。将新信息连接起来。

"闪电快充，突破时间界限；大屏幕玩游戏，就是爽"。

（4）选。对文案用语进行筛选与优化。

①根据产品特性，提高产品辨识度。

②根据消费者习惯，对内容进行修改和补充。

③将单一广告语，拓展为整体文案。

电商文案的策划与撰写，要考虑企业资源的合理分配，因为任何企业的物质、信息、时间和人力等，都是相对有限的。策划电商文案就是要将这些有限的资源最大化，在激烈的市场竞争中保证企业及产品更好地生存和发展。

只要我们根据产品特点和主题，找到合适的句式、描写对象，就能找到许多类似的句子，然后通过拆分组合写出需要的文案，集中产品优势，毕其功于一役。

【学以致用】

爆款产品电商文案撰写技巧

想要打造一款爆款产品，除了产品品质、销售渠道、售后服务、网页设计等因素外，还必须要有强有力的文案支撑。为打造爆款的电商文案的撰写技巧如下。

1. 定位。定位就是对目标消费群体的定位，即明确文案是写给谁看的。只有针对核心客户，才能让文案真正具有穿透力。

有人曾经说，销售能力就是"把冰棍卖给北极熊"，但是，其可操作性究竟有多大？为什么不在夏天卖冷饮？文案是为了销售，为了规避销售难点，而不是创造难题使其难上加难。

2. 卖点。前文曾经提到过，文案中一定要明确产品卖点，也就是文案中要表现出产品能给消费者带来什么好处、解决什么问题，给消费者一个选择产品的理由。

对产品夸夸其谈是文案大忌，无论多么优秀的产品，都是有需求才有价值。卖点是什么？答案就是需求，所以文案用词一定要独特，将你的产品与同类产品区分开，针对目标消费群体的消费需求，扩大产品的卖点。

3. 标题。确定目标群体和产品卖点后，就要开始撰写标题了。想要打造爆款产品，文案标题就只有一个使命：在2秒钟之内，吸引受众的目光，吸引消费者能够一直读下去。

想要只通过标题内容吸引受众目光很难，因此还要配合颜色、排版、图片等能给消费者带来视觉冲击力的元素，才能有效抓住消费者的眼球，同时标题内容要简洁、明了地突出产品的特色。

4. 排版。互联网时代，尤其是在移动互联网快速发展的今天，排版必须侧重"碎片化"和"移动化"。首先，文案篇幅切忌过长，字数越多，重点越不清晰；其次，字体不能太小，颜色不能太花哨，因为许多在计算机端很精美的排版，在手机端却惨不忍睹；最后，要大胆留白，这种留白不仅更适合快速阅读，也不容易导致视觉疲劳，消费者更容易接受文案内容。

什么是爆款产品？爆款不等于所有人都喜欢，而是围绕核心消费群体打造的某种产品的经典款式，它不一定是最好的，但卖点一定是最适合这个消费群体需求的。所以，撰写爆款产品文案，一定要围绕这个核心点写。爆款产品文案就是要抓住目标消费者的需求软肋"猛戳"，戳得越痛，这款产品越容易成为爆款。如果文案只能给消费者"挠痒痒"，那么消费者带给你的销售额恐怕都不能"挠痒痒"。

第四章 创意电商文案撰写方法

> **要点提示** ▶▶
>
> 电商文案切忌虎头蛇尾。撰写时，不仅要注重标题，还要注重结尾，许多很优秀的文案，最后都失败在结尾上。文案的结束语，应该给消费者简单、明了的行动指示，最好附加充满诱惑力的诱饵和立即行动的奖励。

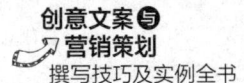

会讲故事的文案，才有杀伤力

时常，文案从业人员花费大量心血编辑的故事，消费者却不买账，这到底是为什么？先别忙着绝望，静下心来找原因。毕竟，即使是著名导演斥巨资拍出来的电影，也有成为烂片的可能。

文案有传播价值，文案的故事性也逐渐成为当今文案的流行趋势，产品营销需要故事、品牌传播需要故事……再平凡的产品，也都会有故事，它可以是产品本身的故事、企业创始人的梦想、品牌承担的精神价值，等等。

撰写文案为什么要讲故事

文案讲故事，并不局限于文字，纵观世界上那些知名品牌的文案，没有一个是没有故事的。故事，可以让品牌更容易传播，让产品更容易取得消费者信任。对电商而言，故事还可以有效提高转化率。

先让我们看一则广告案例。

一天傍晚，一对老夫妇正在吃饭，电话铃声响起。老妇人去另一个房间接电话。老妇人回来后，老先生问："谁的电话？"

老妇人回答："是女儿打来的。"

老先生问："有什么事？"

老妇人回答："没有。"

老先生问："没事？为什么要打来电话？"

老妇人呜咽着说道："她说她爱我们。"

两人相对无言，激动不已。此刻，画外音出现："用电话传递你的爱吧！"

这是一则电话的销售文案，整个广告就是通过一个完全生活化的故事，表达出生活中最真挚的情感，赋予产品浓郁的情感色彩，让消费者在情感的共鸣中对企业产生好感，并将其深刻地印在记忆中。这就是会讲故事的文案产生的魅力。会讲故事的文案能够带来以下好处。

1. 生动的故事能调动消费者的积极性，让消费者通过故事对品牌产生信任。

2. 故事可以阐述产品的卖点、表达企业的观点。我们不能与消费者硬碰硬地辩驳，但可以通过讲故事的方式，让消费者明白我们在做什么。

3. 一个好故事，可以为产品销售做好铺垫，针对不同受众，做出相应引导。

4. 会讲故事的文案，才有助于提升销售额，加深消费者对产品或企业服务的理解，促进消费者做最后的选择与行动。

你讲的故事，为什么没人听

竭心尽力熬了四五天，编写出一个精彩的故事，为什么消费者就是不买账呢？最大的原因，不是你的故事写得不好，而是你的故事不合别人的胃口。这也是许多文案中的故事非常精良，却还是遭到消费者拒绝的主要原因，换句话说，就是你的故事，不是消费者需要的。举个例子，消费者非常需要一把刀切西瓜，如果你偏偏推荐香蕉，说香蕉吃起来更方便，根本不需要刀，那么即便你说得天花乱坠，消费者也不会被说服。

因此，想要消费者买账，就要讲一些既与产品紧密相关，又符合核心消费群体喜好的故事。消费者看得过瘾了，并产生了共鸣，自然也就下单了。同样，精彩的故事不如合适的故事，有些故事，就是要讲给懂的人听。

怎样找到懂的人呢？在编写故事之前，一定要摸清核心消费群体的喜好，也就是需求，然后准备一些能够直抵人心的素材。故事创作过程中，要注意简单、意外、具体、信任、情感等几大要素。

怎样让文案讲故事

原因分析完了，就要重新开始编写故事。首先，你必须知道，文案不是长篇大论，所以不能把故事写成小说。能够让人轻易记住的故事，必定是简单、明了的故事，必须是你讲给别人听，别人一下子就听明白的故事。

文案故事，不是让消费者思考后才懂，而是懂了之后，不由自主地去思考。因此，文案故事必须精简、精彩、精深，要想达到这几点要求，就要掌握一些创作技巧。

1. 信息量从小开始，慢慢增加。一个故事就一个主题，不要各种情节都放进来。想表达爱情，就不要把亲情掺和进去，先告诉消费者有用的信息，再慢慢增加。优秀的文案，只用一句话就能讲出一个精彩故事，例如"钻石恒久远，一颗永流传"。

2. 故事要主次分明，不要罗列一堆信息点，没有什么比排比式的故事更令消费者反感了。如果信息点多，则一定要按照主次逻辑排序清楚。

3. 要学会制造悬念，常用的技巧就是违背常识。什么是违背常识呢？在周星驰的一部电影中，吹风机本来是用来吹头发的，他却用来剃须；剃须刀原本是用来剃须的，他却用来吹头发。这就违反了常识，消费者就会产生疑惑，进而就会产生寻找答案的动机。

4. 讲故事一定要学会营造神秘感，因为神秘感能勾起消费者的好奇心。举个简单的例子，许多人喜欢看球赛，即使自己喜欢的队踢得再烂，也会耐着性子看完。为什么？因为他们想知道结果。

综上所述，写好文案故事，说简单也简单，说难也很难。许多人会说："这不是废话吗？"重点就在于，消费者愿不愿意看。愿意看，就不是废话；不愿意看，再经典的理论也会变成废话。以电影《魔兽》为例，没玩过"魔兽"这款游戏的人，认为这个电影不好，而许多玩过此游戏的人为之疯狂。写文案故事，别忘记还有一种东西叫作"情怀"，有一种眷恋叫作"妈妈的味道"。

【学以致用】

文案故事，有趣才精彩

文案中的故事要直接表达出消费者的生活、情感、需求及渴望，让消费者在故事中看到自己，产生代入感，这样才能在消费者心中引起共鸣。那么，怎样才能把文案故事讲得更有趣、更吸引人呢？

1. 肯定自己，连接他人。故事能否引起消费者共鸣的关键就是，不要你在讲，消费者在听，而是首先认同消费者的理念，让这个理念变成一个可以沟通的桥梁，把产品与消费者连接在一起。例如，德芙巧克力的一句广告语——"愉悦一刻，更享丝滑"。

2. 引起关心。这就像我们看电视，频道很多，能让我们关心的频道却只有几个而已。文案故事要做的就是，成为引人注意的那几个频道。想要引起消费者的关心，必须有一个好的故事开头，也就是"承诺消费者，这个故事值得你关心"。比如，我们常听到的"很久很久以前"，我们要做到的，实际上就是这个效果。

3. 让消费者成为故事的一部分。引起消费者的关心后，故事的铺垫很重要。人们不喜欢直接知道答案，而喜欢猜出答案。因此，故事文案要注意各种信息的组织，把消费者拉进故事中，给他们一定的信息提示，让他们自己猜答案。

文案要讲出好故事，需要经过千锤百炼才行。无论是宣传品牌还是推销产品，故事情节都必须能让消费者紧紧跟随，各种信息环环相扣。要让文案故事有吸引力，故事首先必须有趣，这个"有趣"必须是让消费者感到有趣，而不是你觉得有趣。

要点提示 ▶▶

文案故事的核心目标是向消费者传递品牌价值，建立情感上的链接和认同感，因此文案故事必须基于客观事实。任何故事离开真实，都不会赢得信任。此外，故事不在于事件大小，而在于能否打动消费者的心，只要能够引起共鸣，就是好的文案故事。

营销策划篇

第五章
营销与营销策划

营销是一个精彩的世界,营销策划也是一个精彩的世界。创新与艺术是营销策划永恒不变的主题。面对当今产品竞争日趋白热化、同质化的市场,营销策划只有寻找新方法、新思路,让整个营销活动充满艺术性与观赏性,才能让消费者对企业和产品产生较高的认同感,从而引导购买行为。

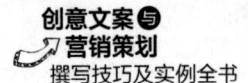

别说你懂什么是营销

提到"营销"这个概念,许多人都能说出很多道理,但真正会"营销"的人恐怕寥寥无几。营销是一种管理过程,包括了解市场、量化市场中不同客户群体所需的价值,并评估实际价值传递的有效性。

营销就是找到消费者的需求,并满足他们的需求。在不同政治、经济、文化的国家中,营销方式并不是一成不变的;在不同行业,产品营销方式也有区别;在不同企业,对同一产品的营销方式也各不相同。

现代营销学,指的是企业怎样发现、创造以及交付价值,用来满足特定目标市场的需求,并从中获取利润。学会营销,就要学会辨识没有被满足的需要,定义、量度目标市场规模及利润潜力,然后找到最适合企业进入的细分市场及适合该细分市场的产品,满足用户或为用户创造需求。这就需要懂营销理念。

什么是营销理念

营销理念是企业整个营销活动的指导思想,也是有效实现市场营销功能的基础。营销理念贯穿在整个营销活动过程中,也制约着企业的营销目标,同时也是企业实现营销目标的基本策略及手段。

营销理念是否正确，决定着企业营销活动的质量及效果。例如，××信用合作社的营销理念——"变坐等客户上门为主动贴身式营销服务"。通俗地讲，营销理念就是通过不断追求产品、服务、营销的差异性，并凭借这种差异性获取竞争优势。

营销理念强调紧密关注竞争对手及消费者需求变化的细微之处，抓住市场变化的机会，利用企业内外一切资源，永远比竞争对手更早一步推出符合消费者需求的产品，凭借不断变化的产品、服务、营销策略的差异性，取得竞争优势，击败竞争对手。

影响营销的基本因素

影响营销的基本因素主要包括宏观因素及微观因素两种，这两种因素都会影响企业营销策略的制定。

1. 宏观因素。宏观因素指的是企业运营的外部大环境，它对企业营销的成功与否起十分重要的作用，但又不可控制。宏观因素主要包括以下几点。

（1）人文环境。人文环境是社会中存在的一种无形环境，可以定义为一定社会系统内外文化变量的函数，这个变量包括共同体的态度、观念、信仰及认知环境等。

①人口因素。人口因素主要包括人口数量、人口数量与市场构成、人口增长率、人口年龄结构变化等。

②人口迁移因素。人口迁移因素主要包括客流移动特点、规律与地理环境的关系，购买动机与地理环境的关系等。

③社会因素。社会因素主要包括价值观念、社会地位、消费习惯等。

（2）经济环境。经济环境指的是构成企业生存及发展的社会经济状况与国家经济政策，包括消费者收入变化、支出模式变化等，影响消费者购买能力及支出方式。

①国民生产总值。

②消费者个人收入。

③外贸收支情况。

（3）自然环境。自然环境包括自然资源短缺、保护、恶化、疾病等。

（4）技术环境。技术环境指的是技术对企业竞争以及对消费者的影响。

（5）政治及法律环境。政治格局是否稳定以及国家政治法律环境都会直接影响营销策略。

（6）社会及文化环境。社会及文化环境包括教育水平、宗教信仰、传统习惯等。

（7）网络环境。网络环境包括微博、论坛、邮件、即时通信软件等。

2. 微观环境。微观环境指的是存在于企业周围，并且密切影响企业营销活动的各种因素，主要包括供应者、竞争者、公众以及企业自身等。

（1）供应者。供应者是企业资源的保证，影响产品成本控制。

（2）购买者。购买者主要分为以下两种。

①个人购买者：需求差异大，购买频率高，覆盖范围广，购买流动性强，多属于小型购买。

②团购者：购买数量小，但购买规模大，属于派生需求，团购需求的弹性较小。

（3）中间商。其购买目的主要是销售以获取利润，特点是购买次数较少，单批购买量大。

（4）竞争者。竞争者包括竞争者的数量、规模以及消费者需求量与竞争供应量之间的关系。

（5）公众。公众主要包括金融公众、政府公众、市民行动公众、地方公众、企业内部公众、一般群众等。

（6）企业内部各部门之间的协作关系。

营销传播的主要方式

1. 网络传播。"互联网+"时代的到来，使得营销有了更快、更好的传播方式，任何人在任何地方、任何时刻都能接入互联网，企业与消费者之间的距离被拉近，企业通过网络可以向消费者提供更详细、生动、准确、快捷的品牌信息。而且，互联网营销具有低成本、宣传面广、可预测性、互动性、实时性、广泛性等其他媒体不具备的特点，这种新的营销传播模式，对企业及品牌的发展逐渐发挥出越来越重要的作用。

2. 整合营销传播。整合营销是品牌传播的另一种重要方式，指的是在计划中对不同沟通形式做出预估，整合各种分散信息，最终达到一致的沟通效果，属于一种市场营销传播计划观念。整合营销传播通过综合运用各媒体的优势为企业品牌传播提供高度统一的宣传途径，明确自身产品优势，进而达到事半功倍的营销效果。

3. 整合品牌推广。品牌是企业营销传播的核心，企业品牌推广活动都要向品牌聚集，整合品牌推广就是在对各类营销传播进行整合的基础上发展起来的。通过整合营销传播经营、强化品牌，营造品牌关系是整合品牌推广的中心，这不仅是为了扩大知名度，更重要的是提升品牌在消费者心中的信任度，积累品牌资产。

【案例思考】

三个业务员寻找市场

某制鞋公司需要到国外寻找市场，于是派了一名业务员到非洲一个岛国了解当地的情况，考察能否将公司制作的鞋子卖给他们。

这名业务员到了这个国家后，待了一天，给公司发信息说："这里的人不穿鞋，没有市场，我立刻返回。"公司又派出了一名业务员，这名业务员在这个国家待了一星期，发信息给公司说："这里的人不穿鞋，但鞋的市场很大，我准备把咱们的鞋卖给他们。"

于是，公司管理层得到了两种不同的回答，为了更深入了解情况，又派去第三个业务员。这名业务员在那个岛国待了一个月，给公司发了一份调研报告："这里的人不穿鞋，原因是他们脚上长有脚疾。但是他们也想穿鞋，只是我们生产的鞋太窄，所以我们必须生产宽鞋满足他们对鞋的需求。这里的部落首领不让我们做买卖，除非我们借助政府的力量和公关活动做好市场营销。打开这个市场大约需要投入1.5万美元，我们每年大约能卖2万双鞋，在这里卖鞋可以赚钱，投资收益率大约为15%。"

问题一：思考营销活动要求从业人员应该具备什么素质？
问题二：分析这三个业务员对市场营销的职业敏感性。

要点提示

营销的目的是为目标人群介绍产品，并将其转化为用户。也就是说，营销的本质是抓住目标消费者的需求，并快速将需求商品化。

4P理论中的4种营销模式

近年来，会议营销、网络营销、事件营销等营销领域的各种名词层出不穷，让人眼花缭乱、无所适从。随着市场竞争日益激烈，影响消费决策的因素越来越多，那么，通过什么样的营销模式才能在激烈的竞争中脱颖而出呢？

不同企业、不同产品针对不同消费群体，所采用的营销模式可谓门类繁多、五花八门。在这里，我们主要谈一谈国际上普遍认同的4P营销理论中的4种分类。所谓4P营销理论指的是4种基本策略的组合，即产品（Product）、价格（Price）、渠道（Place）、促销（Promotion）。随着营销组合理论的提出，20世纪60年代，美国4P理论被提出来，任何一种营销模式，都可以从这4种基本组成中推演出来。

实际上，现在出现的许多营销新名词，只不过是营销的手段和方法而已，并非营销模式。只有许多营销手段和方法组合起来，形成一个套路，才能称之为营销模式。这就像古代兵法排兵布阵一样，重要的不是兵法本身，而是对兵法的有效组合和运用。

以产品为核心的营销模式

以产品为核心进行营销策略组合，只要能满足市场需求变化就行。这种营销模式的特点就是要求产品更新速度快、销售渠道响应速度快，新产品推出后，旧产品立即跟进降价。此类企业营销费用大多用于新产品推广，而不是渠道和包装等。

以产品为核心的营销模式，最能让大众感同身受的产品莫过于智能手机，智能手机各品牌间竞争激烈，产品更新速度更是令人瞠目结舌。大多数人都能体会到，今天刚买了一部新款手机，也许在下个月，就会有别的新款手机推出了。

近两年，以产品为核心的营销模式中，最引人注目的当属小米手机的"饥饿营销"。小米手机借助互联网的传播速度和爆发力，迅速建立起自己的品牌。但值得一提的是，目前我国手机企业，大多数都没有核心技术，也无法真正做到以产品为核心。因此，企业要根据自身能力选择不同营销模式，同行业之间由于掌握的能力和资源不同，所采用的营销模式也会不同。

以价格为核心的营销模式

对"价格战"这三个字，大家都不陌生，价格战实际上就是以价格为核心的营销模式中的一种策略。以价格为核心进行营销策略组合，产品、渠道和促销策略都以价格战为核心。价格战最明显的一个特点就是降价，企业在产品降价的背后，都隐藏了哪些策略呢？

例如，××空调过去卖5 000元一台，现在卖999元一台，还附送许多礼品或服务。

这种情况，就是非常明显的价格战，价格战的另一个特点就是降价幅度非常大，而且会根据竞争对手的策略调整。实际上，用来打价格战的新产品在技术上差异不大，多数都是将产品功能重新组合，从而人为制造差异化，目的就是配合企业的价格战。而且，产品广告也是围绕价格为中心展开，价格战也是典型的以价格为核心的营销模式。

以价格为核心的营销模式对资源及能力的要求有以下几点。

1. 有大规模生产能力。
2. 价格战本身具有合理性，但要适可而止。
3. 采用以价格为核心的营销模式时，营销管理重心要放高。
4. 目标明确，即通过价格张力扩大市场份额，如：价格降15%，市场份额能扩大25%。

以促销为核心的营销模式

以促销为核心的营销模式是围绕促销展开营销的策略组合，其余3P围绕促销展开。推广产品是这种营销模式的核心动力，保健品、药品、化妆品等产品，一般都采用这种营销模式。

例如，安利采用的就是这种围绕市场推广为核心展开的产品营销策略组合，最明显的特点就是广告不多，渠道也看不见。采用这种模式要求企业有较强的企划能力、品牌传播能力、管理能力以及激励能力。

通常，采用这种营销模式需要对产品目标消费人群定位精准。比如，脑白金将目标消费人群定位为中老年，安利将目标消费人群定位为白领等。以促销为核心的营销模式具有多样性，营销重心较高，需要企业统一策划，执行重心则比较低，营销组织简单，但对人力资源质量要求较高，对组织管控体系的要求也较高。

以渠道为核心的营销模式

过去，企业营销往往是"渠道为王"，随着"互联网+"时代的到来，传统营销渠道受到强有力的冲击，线上渠道与线下渠道有机融合成为未来营销渠道的发展趋势。围绕以渠道为核心展开的营销策略组合，最典型的是深度营销，简单地说，就是集中优势兵力，打那些散兵游勇。

目前，我国市场既有传统渠道，又有互联网渠道，多渠道混杂并存。在这种复杂情况下，只有使渠道协同作用才能取得优势。采用以渠道为核心的营销模式，主要有以下几点要求。

1. 需要对营销本土化有非常深刻的理解。
2. 需要对渠道结构、消费者特性深刻了解。
3. 需要较强的组织管理能力，有清晰的战略。
4. 需要有快速研、产、销一体化响应能力。

产品要凭借渠道取胜，营销组织重心就要放低，遵循就近及对等原则，也就是谁代表市场谁拥有权力，谁配置资源谁承担责任。由于市场形势瞬息万变，因而还要有一支拥有洞察力和执行力的团队。例如，在应用以渠道为核心的营销模式里，最典型的莫过于娃哈哈品牌，娃哈哈在与可口可乐长期竞争和较量的过程中，就是凭借其优秀的渠道营销，才做成了国内优秀品牌。

【案例思考】

爱尔琴钟表公司的经营观念

爱尔琴钟表公司自1869年创立，到20世纪50年代，一直都是美国公认的最好的钟表制造商之一。这家公司强调产品质量，并由著名珠宝商店、大型百货公司等构成市场营销网络。早在1958年之前，该公司销售额始终呈上升趋势。

但随后，公司销售额及市场占有率开始下降。主要原因就是市场形势发生了变化：第一，许多消费者对名贵手表失去了兴趣，经济、方便、新颖的手表成为消费目标；第二，许多制造商为了迎合消费者的需求，开始生产低档产品，并廉价推销，夺得大部分市场份额。

爱尔琴钟表公司没有根据市场形势做出调整，依然坚持生产精美的传统手表，仍旧借助传统渠道销售，认为自己的产品质量好，顾客必然会找上门，结果企业营销大受挫折。

问题一：爱尔琴钟表公司的经营理念是什么？

问题二：爱尔琴钟表公司的经营理念与市场营销理念的区别在哪里？

> **要点提示** ▶▶
>
> 虽然营销模式分很多种，但其核心包括有形的产品和无形的服务，其根本目的是根据市场环境变化及自身资源状况做出相适应的营销策略，最终提高产品销量、获取利润。

企业离不开营销，营销离不开策划

策划、营销、营销策划都是近年来兴起的热门词汇，随着市场竞争日趋激烈，营销策划愈发显得重要。

营销策划是一个非常庞大的世界，不仅限于有形产品，目前，许多电影、娱乐节目等，都通过营销团队的精心策划，取得了令人瞠目结舌的佳绩。

依然以智能手机为例，有些手机品牌在推出一款新产品之前，就已经开始制造噱头，相信大家对这点都深有体会。例如，内部消息曝光、大量"水军"涌入论坛刷帖、各种期待留言，等等，而产品本身却又姗姗来迟，最后再进行"盲售"，开一个新品发布会。这样消费者的胃口和兴趣就完全被调动起来了。

又不是谍战大片，谁会曝光内部信息？即便喜欢某个品牌，又有谁天天刷论坛说自己期待得不行？答案很简单，这不过都是企业为了达到最终的销售目的，进行的一场营销策划而已。

例如，近年来收视率一直居高不下的电视节目《缘来非诚勿扰》，就是营销策划创造的一个娱乐神话。将其定位为相亲节目，看起来本质就是如此。许多地方电视台纷纷跟风，打造类似的相亲节目，结果收视率大都惨败。

什么是策划

策划是立足于现实，用创意取胜的科学程序，并通过这种程序预测事物的发展趋势，整合各种资源，捕捉机会，制订能够实施的最佳方案，有效地达到设定的目标。策划是一个系统性的工作，有独特的运作模式。

需要特别注意的是，策划不是简单的创意、想法、点子，这些元素仅仅是策划的一小部分而已。策划学是一门专门研究策划的独立学科，有自己独立的理论系统，策划学涉及新闻、广告、营销、公关等各种手段。策划不只是对这些简单的理论进行简单综合，更是对这些理论的整合、创新以及再提高。

什么是营销策划

营销策划本身也像是一个精彩的世界，创意与艺术是营销策划永恒不变的两大主题。从本质上看，营销策划就是策划思维在营销活动中的运用，是运用智慧与策略的营销活动和理性行为。营销策划的目的是借助科学的方法与创新思维，改变企业现状或达到营销的理想目标，它是分析研究创新设计，并制订最终营销方案的理性思维活动。

营销策划以满足消费者需求为核心，根据企业营销目标设计和规划企业产品、服务、创意、价格、渠道、促销等，实现个人与组织的交换过程。营销策划立足于企业营销现状，为企业未来营销发展方向做出战略性决策和指导，具有前瞻性、全局性、创新性、系统性等特点。

营销策划适用于有形产品和无形服务，要求企业根据市场环境变化及自身资源状况做出相应及时的规划。实际上，营销策划距离我们很近，只要留心就会发现，我们身边的电视、报纸、网络中，只要存在商业竞争，就会有营销策划。

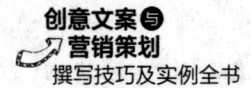

营销策划都有哪些作用

1. 明确营销活动目标。营销策划可以从根本上消除企业营销活动的盲目性，明确企业未来的任务、目标、投资组合计划、扩张方式及途径等，避免与营销目标不符的事情发生及对有限资源的浪费。

2. 提高营销活动的针对性。营销策划方案都是以特定企业营销目标为核心的，这就确保了企业营销活动的针对性，也就保证了每项工作和措施都以解决企业特定时期面临的特定问题为目的，即精准营销，营销效果自然也就有了保障。

3. 增强营销活动的计划性。营销策划给营销活动的内容都做了详尽安排，也就避免了可能出现的主观随意性。在营销策划的安排下，只要市场不出现剧烈变化，企业各个部门就能够不折不扣地予以执行，企业的营销就会步入正轨。

4. 实现企业营销活动差异化。随着时代的发展，消费者个性化消费需求日益突出，企业要想在竞争中占据优势地位，就必须依靠个性化和差异化的产品，用个性化、差异化的营销吸引消费者的目光，打动消费者的心。消费者的差异化需求是客观的，这就需要依靠策划人员敏锐的洞察力去发现，而这也是最难以实现的。

5. 提高企业产品的竞争力。在产品质量相差不大的情况下，产品的竞争力主要来自产品"卖点"的新颖、独特，品牌知名度的高低及美誉度。如果没有营销策划，产品竞争力的支撑点就很难找到和形成。因此，企业营销效益及产品竞争力的提高，也需要营销策划的支持，在提高营销活动针对性、计划性、主动性和创造性的基础上，要避免无效劳动。

【案例思考】

小油漆厂的目标市场选择

英国有家小油漆厂,在产品投放市场之前,做了细致的市场调查,然后根据调查,对市场进行了细分。除了需求量较大的本地市场外,另有四个分市场,消费群体的需求也各不相同。

本地市场:本地市场对油漆产品需求较大,但竞争非常激烈,本厂无力参与竞争。

分市场一:以家庭主妇为主要消费群体,消费者的特点是不懂室内装饰需要什么油漆,只求质量好、效果美观。

分市场二:消费群体为油漆工助手,他们需要质量较好的油漆为住户进行室内装饰。

分市场三:消费群体是老油漆技工群体,消费特点是不买调好的油漆,只买颜料及油料自己调配。

分市场四:消费群体是对价格比较敏感的年轻群体,特点是收入普遍不高,购买特点为不求质量,只要价格便宜就好。

这个小油漆厂经过研究后,决定选择年轻消费者作为目标市场,并做出了相应的营销策划。

1. 产品。经营不同颜色、包装大小不同的油漆,并根据目标消费者的喜好,随时增加、改变或取消颜色品种及包装大小。

2. 分销。产品配送至目标消费者住处附近的零售商店。

3. 价格。保持价格低廉,不提供优惠,也不会根据其他厂家调整价格。

4. 促销。以低价、满意的质量为卖点,适应目标消费者的需求特点,并变换使用广告媒体,创新广告形象。

由于市场选择的正确和市场营销策划的帮助,小油漆厂较好地适应了目标消费者的需求，尽管销售的是较为低档的产品，可是仍然获得了很大成功。

问题一：进行市场细分的主要依据是什么？
问题二：思考并写出这家小油漆厂市场营销的组合策略。

> **要点提示** ▶▶
>
> 在营销过程中，相关数据显示，那些没有实际购买的消费者中，大约有60%的消费者会在日后产生购买行为，这对追求营销有效性的企业而言，无疑是一座金矿。

第五章 营销与营销策划

怎样成为一名优秀的营销策划人

如今，通过营销一夜成名的案例有很多，透过事情表象，不难发现其背后都拥有一支经验丰富的策划团队。目前，无论是实体产品，还是影视、娱乐、网站等无形产品或服务，凡是能在同行业内脱颖而出，都离不开营销策划。

营销策划的精髓是创意、分析、定位，任何渠道与技术，都只是实施手段而已。优秀的营销策划要放弃华而不实的推广和只有数据没有实际效果的单纯手段，创意独到、软性营销、特色炒作、共鸣性传播才是对客户真正有意义的营销策划，同时还要注重广度宣传和深度渗透。

营销策划的内涵

营销策划是现代企业管理的重要内容之一，也是企业提升竞争力的重要途径。根据策划的特点和营销策划的定义，营销策划主要有以下特点。

1. 前瞻性。营销策划是对未来营销活动做的决策，因此营销策划具有前瞻性。

2. 战略依托性。营销策划无法脱离企业的整体战略而独立存在，否则无论这个营销策划多么优秀，都不会有任何实际效果。如果营销策划与公司整体战略背道而驰，那么结果也只能适得其反。

3. 科学性。营销策划是一门系统的思维科学，要求审时度势、定位准确、把握各种资源。在进行营销策划时，必须对企业自身与外部环境做出详细调查与分析，否则营销策划就会变成空中楼阁，是没有生命力的。

4. 目的性。营销策划要设定营销目标，也就是企业希望达到的预期目标，例如销售额、市场份额等，并将这些目标进行可量化表述。如果营销策划没有营销目标，那么本身也就失去了意义。

5. 创新性。创意是营销策划的灵魂，一味模仿他人，创意策划就会失去生命力。例如，上面提到的娱乐节目《缘来非诚勿扰》，它的成功源于营销策划，而其他同类节目一味模仿，徒有其形，自然也难以成功。

营销策划人应具备的基本素质

随着营销策划重要性的得高，市场竞争变得日趋激烈。想要成为一名出色的营销策划人，除了丰富的工作经验及专业知识外，还必须具备以下几种基本素质。

1. 敏锐的洞察力。营销策划人员要从过去及现在的资料中，迅速地察觉可供策划的资料，分析问题的症结所在。想要做到这点，就必须拥有敏锐的洞察力。敏锐的洞察力可以让营销策划人员抓住一般人并不太在意的现象及本质，捕捉到市场机遇，并能更加快速地找到解决方案。

2. 调查研究。营销策划人员必须做好访谈、调查等工作，尽可能掌握真实情况。调查是一切营销策划的基础，营销策划的成功与否，往往取决于掌握的情况是否准确、全面以及对问题的研究分析是否深入。

3. 善思而行。许多好的创意、新的点子，都是在掌握了第一手信息后，经过再三思考才迸发出的灵感。营销策划人员要善于思考，同时还要善于集合集体的智慧，强调团队精神，进而完成创意。

4. 包容严谨。营销策划人员需要具备宽阔的视野和谦虚的态度，善于学习他人的长处，虚心听取别人的意见，集思广益才能增加策划方案的成功率。另外，营销策划是一种创造性活动，这就要求营销策划人员必须具备严谨的态度和创造精神。

5. 感悟能力。营销策划人员写出的策划案必须简洁、明了，例如对市场前景、行业背景、竞争对手、功能定位、形态布局、营销策划、整合推广等分析，都要清晰、明确，能够量化，让人一眼就能看明白，并能够操作。要想做到这一点，就要求营销策划人员具有超强的理解、感悟能力。

企业营销策划的主要方向

1. 明确业务目标。要想明确业务目标，就必须先确定以下问题。

（1）确定目标市场。企业服务的消费者是哪一类？产品投放的地方在哪里？市场规模有多大？消费者需求点是什么？消费者需要解决什么问题？这些问题，也是制订营销策划案的基础。

（2）明确营销效果。这里所说的效果，不仅包括企业获利的指标，还包括企业追求的一些其他目标，比如知名度、信誉、市场份额等。

2. 营销策划方式多样性。企业营销的方式是多种多样的。面临不同产品、时期和市场环境，营销策划方案也会不同，常用的方案有以下几种。

（1）自己的经验。企业在长期营销活动中，会积累一定的市场营销经验，借助过去营销活动的成功经验，通过对当前营销环境的分析，从而产生新的营销策划方案。

（2）向对手学习。同行业竞争对手，尤其是市场领袖企业，他们掌握了大量的市场信息资源，进行的营销活动也非常值得研究。因此我们要认真分析竞争对手的营销策略，取长补短，推出自己的营销策划方案。

（3）注重创新。企业营销策划案，在产品设计、服务方式、价格、销售、促销等各方面，若注重采取自主创新的方式，则会让营销效果更好。

【案例思考】

滞销的玩具熊

洛杉矶的斯坦福·布卢姆在1977年用25万美元买下西半球公司一项专利，生产名叫"米沙"的小玩具熊，用作1980年莫斯科奥运会的吉祥物。在此后的两年中，布卢姆先生和他的伊美治体育用品公司一直都致力于小熊"米沙"营销工作，并把"米沙"商标的使用权出让给58家公司。于是，成千上万的小熊"米沙"被制造出来，并且被分销到全国玩具商店和百货商店，全国各家杂志上也纷纷出现这种带4种色彩的小熊。

小熊"米沙"的销量一开始非常好，布卢姆预计这项业务的收入可达5 000万~1亿美元。可是，就在莫斯科奥运会开幕前，因为苏联拒绝从阿富汗撤军，美国总统宣布不参加这次在莫斯科举行的奥运会。几乎瞬间，小熊"米沙"成为人们深恶痛绝的象征，布卢姆的营销计划也变成泡影。

问题一：分析小熊"米沙"玩具面对的宏观市场营销环境。

问题二：换做是你，将如何改变这种销售的被动局面？

▶ 要点提示 ▶▶

营销策划案通常有以下2个评选标准。

1. 策划案期望收益，也就是比较各种方案营销效益目标，例如，盈利指标有销售利润率、成本利润率、利润总额；市场发展目标有市场占有率、开拓目标市场层次与范围等。

2. 方案预算成本，也就是比较各方案投入费用的大小，其中包括固定投资及流动资金费用。

网络营销策划的原则及误区

利用互联网建立并推广品牌是网络营销的重要任务之一,许多知名品牌正是通过有效利用网络平台才得以延伸。通过互联网,许多企业可以快速树立品牌形象,提升企业整体形象。从某种意义上来说,网络品牌价值甚至高于通过网络直接获取的收益。

网络营销策划指的不只是网站推广或网络销售,网络营销的表现形式和效果也是多种多样的。网络营销策划,指的是为了网络营销目标的达成而进行策略思考及方案规划的过程。

网络营销策划的原则

策划网络营销策划案,需要遵循以下几项基本原则。

1. 系统性原则。以互联网为工具是网络营销最大的特点,网络营销是基于网络环境,对市场营销中的信息流、商流、制造流、物流、资金流及服务流的管理。因此,网络营销策划也是一项系统而复杂的工程。

2. 创新性原则。当前,消费者个性化消费需求日益明显,通过创新满足与消费者个性化需求相适应的特色产品或服务,是提高价值的关键。创新不仅意味着与众不同,而且意味着额外的价值。

因此，在网络营销方案的策划过程中，必须深入了解网络营销环境，在了解消费者需求及竞争者动向的基础上，为消费者提供其所需的特色产品及服务。

3. 操作性原则。将网络营销策划形成策划案后，这个策划案必须具备可操作性，否则就没有任何价值可言。这种可操作性主要表现为在网络营销方案中，策划人员依据企业的网络营销目标及环境，对企业未来的网络营销活动进行周密部署、详细阐述，提出具体的安排。换而言之，网络营销策划方案就是一系列具体的、明确的、直接的、相互关联的行动指令。

4. 经济性原则。网络营销策划本身需要消耗一定资源，它的经济效益是策划带来的经济收益与策划和方案实施成本的比率。优秀的网络营销策划要在策划与方案实施成本既定的情况下，获取最大的经济收益，或者花费最小的策划及方案实施成本，获取既定目标经济收益。

5. 协同性原则。网络营销策划不是方法的孤立使用，而是各种营销手段的应用。例如论坛、博客、社区、网络媒体、移动端等资源的协同应用，才能真正实现网络营销的效果。

网络营销策划案简述

网络营销策划案是为了达到营销目标而策划的综合性的、可操作的网络营销策略及活动计划，其内容主要包括以下几个方面。

1. 网络营销策划方案需要解决的问题是什么？目标是什么？能创造多大价值？
2. 总的执行者是谁？各个实施部分由谁负责？
3. 执行营销方案涉及什么方面的内容？
4. 为什么要提出这样的策划方案？为什么要这样执行？
5. 营销方案的执行过程，具体需要多长时间？
6. 营销活动怎样操作？在操作过程中遇到新问题时，要怎样解决？

7. 这个策划方案需要多少资金，多少人力？

网络营销策划的误区

1. 网络广告就是网络营销。其实，投放网络广告只是网络营销策划体系中的一小部分，成功的网络营销策划，不仅是网络推广，而且是集品牌策划、广告设计、网络技术、销售管理和市场营销于一体的完整营销策划体系，如果加上准确有效的实施方案，就能实现营销目标。

2. 小企业没有实力做网络营销。事实恰恰相反，网络营销策略从渠道上来说，价格相对于传统渠道更加低廉，恰好符合中小企业的发展观念。树立品牌，让更多消费者通过网络了解企业的产品和服务，才是网络营销策划需要解决的核心问题。

3. 网络营销策划就是网络销售。事实上，网络销售只是网络营销策划执行到某一阶段必然产生的结果。网络营销策划是为实现网络销售等目的而进行的一项基本活动，因此，网络营销策划本身并不等同于网络销售。

4. 有专业知识、有互联网从业经验就能做好网络营销策划。有些人专门修过市场营销的相关课程，或是科班出身，认为自己就能做网络营销策划，就能做好营销策划。事实上，写得天花乱坠的策划案，未必就能够执行下去，即使能够执行，能够达到营销目标的概率也是微乎其微。

【案例思考】

拯救大白兔奶糖

早在新中国成立前，旧上海有家糖果厂，这家糖果厂的老板为自己的产品设计了一种米老鼠包装，并将这种糖果命名为米老鼠奶糖，这种糖果很快就走俏国内市场。新中国成立后,糖果厂并入上海冠生园,主要产品仍是米老鼠奶糖。由于该企业意识到老鼠是四害之首,因此冠生园又设计了一种以大白兔为形象的奶糖包装。由于企业没有品牌意识,大白兔奶糖和米老鼠奶糖一直没有注册合法商标。

1983年,某糖果厂到冠生园取经,随后这家糖果厂也开始生产米老鼠奶糖,并且抢先一步注册了米老鼠商标,不久之后又以区区4万美元,将"米老鼠"卖给了美国迪士尼公司。这个经营了半个世纪的品牌,从此再也不属于中国。

冠生园吸取教训后,立即为幸存的大白兔注册,为了稳妥,冠生园不仅注册了大白兔商标,还把与大白兔近似的十几种兔子都进行了商标注册,组成了一个立体防御体系。

当时,大白兔奶糖侵权行为十分严重,假冒产品遍及全国,甚至出现跨国假冒。在泰国和菲律宾等国,也出现了假冒的大白兔奶糖,甚至还出现了与大白兔注册商标相同或相似的文字、图形以混淆视听的情况。

冠生园在米老鼠的事件中学到很多东西,考虑如何拯救仅存的大白兔品牌。冠生园经过反复研究决定,将大白兔奶糖的整个包装分别作为商标进行注册,使一张糖纸和包装袋的任何部位都具有法律保护。同时,围绕主商标,又设计出十几个近似商标,包括大白兔、大灰兔、大黑兔、大花兔、小白兔、金兔、银兔等,并对这些商标都进行了商标注册,大白兔从此又火了起来。

问题一:阐述市场营销学的完整产品概念,回答企业该如何保护自己的品牌?

问题二:冠生园不愿花钱购买"米老鼠"商标使用权,而是花大把的钱注册大白兔商标,请从营销学角度分析此举是否明智,两者之间有什么利弊?

第五章 营销与营销策划

> **要点提示** ▶▶
>
> 满足消费者个性化需求是网络营销策划的基本出发点,消费者能告诉企业哪种产品适应市场需求以及产品需要做哪些具体改进。因此,整个网络营销策划案要注重消费者参与和体验,从而形成一个与消费者互动的营销策划系统。

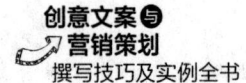

营销策划方案的撰写

营销策划是针对某一客户开发和某一产品营销而制订的相应规划。其任务是将企业未来想要达到的目标，逐渐变成有序的、可操作的行动指南。由此形成的营销策划方案是企业展开市场营销活动的蓝本。

营销策划方案是一个以营销为目的的整体计划，也就是指在市场销售或服务之前，为了达到预期的目标而进行的各种促进销售活动的整体性策划。一份完整的营销策划方案，至少要包括基本问题、项目市场优势及劣势、解决问题方案3个方面的主题分析。

营销策划方案提纲的基本内容

营销策划方案是每个营销人员必然要面对的事情，而一份优秀的营销策划方案必须注重条理清晰与可操作性，做到分析有理有据，学会用数字说话，指标、费用分析与预测应是整个方案的核心。优秀的营销策划方案提纲主要包含以下内容。

1. 整体分析。整体分析包括市场特征分析、行业分析、竞争对手分析、消费趋势分析、销售状况分析。
2. 产品或公司"SWOT"分析。具体内容包括优势、劣势、机会、威胁等方面的分析。

3. 整体环境"PEST"分析。具体包括政策、经济、社会、技术等方面的分析。

4. 营销战略规划。具体包括市场引爆点、市场布局、主导操作思路、运作模式、市场进入与运作思路及设计等。

5. 营销战术规划。具体包括产品策略、产品定位与细分；价格策略；渠道策略、渠道选择、渠道拓展顺序、渠道规划、渠道占比、渠道销售量预测分析、上市时间计划等。

6. 促销思路、促销与推广方案。具体包括上市渠道促销计划、上市终端消费者促销计划、上市终端推广计划、媒介促销安排、后期促销跟进计划等。

营销策划方案的编制原则

为了保证营销策划方案的准确性与科学性，在营销策划方案的撰写过程中，要把握以下几个原则。

1. 逻辑清晰。解决企业或产品在营销中的问题是营销策划的主要目的，构思营销策划方案时必须逻辑清晰、严谨。首先，设定情况，交代策划背景，分析市场现状，明确策划的中心目的；其次，对具体策划内容进行详细阐述；最后，明确提出解决问题的方案与对策。

2. 针对性强。突出重点，抓住企业或产品在营销过程中需要解决的核心问题，深入分析，提出可行性应对策略，针对性要强。

3. 实操性强。营销策划方案主要用于营销活动指导，其指导性涉及营销活动中每个人的工作及各个环节关系的处理，实操性非常重要。不能操作的营销策划案毫无价值，不易于操作的营销策划案也必然会造成资源的浪费。

4. 富有创意。营销策划方案对创意、创新、表现手法等方面的要求较高，富有创意可以给人全新的感受，新颖的创意也是营销策划方案的核心内容之一。

营销策划书的基本内容

1. 封面。营销策划书的封面主要呈现以下信息。

（1）策划书的名称。

（2）被策划的客户。

（3）策划机构或策划人的名称。

（4）策划完成日期及本策划适用的时间段。

举例如下。

机密等级：绝密、机密、秘密。

名称：新产品×××于××年××—××月在××地区的营销策划。

简写名称：新产品×××促销策划。

副标题：于××年××月~××月××地区经销商为对象。

策划书编号：从第××份策划书开始编起。

落款：单位、职称、姓名。

策划编制：以评审前3日为准，如果策划书完成日期距离评审日期很长，则还应该写明修正日期。

2. 正文。营销策划书的正文内容，主要包括以下几个方面。

（1）策划目的。本次营销策划所要达到的目标要明确，以便作为执行这次策划的动力或强调执行的意义，保证策划活动能够高质量地完成。实际情况中，每个企业在营销上存在的问题种类繁多，总体来说，大致有以下几个方面。

①企业创业之初，还没有建立起一套系统的营销方略，因此需要根据

市场特点策划出一套切实可行的营销计划。

②企业已经发展到一定规模，原有的营销策略已经无法适应新的形势，需要设计新的营销方案。

③企业经营方向发生变革，需要相应地调整营销策略。

④企业原有营销策略出现重大失误，不能再作为企业的营销计划。

⑤市场发生了巨大变化，企业原有的营销方案已经不适合变化后的市场。

⑥企业在总的营销战略下，需要根据不同时间段市场的特征和行情变化，设计新的阶段性营销方案。

（2）当前营销环境分析。对同类产品市场、竞争状况的分析，是制定相应营销策略，采取正确的营销手段的根本依据。

①当前市场现状及前景分析。主要分析内容包括产品的市场性、现实市场环境及潜在市场状况；市场成长状况，自身产品处于市场生命周期的哪一个阶段；在不同市场阶段公司产品的营销侧重点在哪里，需求变化对产品市场的影响；消费者对产品的接受度，根据掌握的资料对产品市场发展前景进行分析。

②对产品市场影响因素的分析。这部分内容主要是对影响产品的不可控因素的分析，如宏观环境、政治环境、消费者收入水平、消费结构变化，等等。对有些科技产品，还需要考虑技术发展趋势的影响。

③市场机会与问题分析。营销策划方案是对市场机会的把握及策略的运用，营销策划成功的关键就是对市场机会的准确分析，只要找准了市场机会，那么营销策划也就成功了一半。主要内容包括对产品目前营销现状及问题的分析及对产品特点、优势、劣势的分析。从问题中找到解决问题的办法，从优势中挖掘市场潜力，找到消费者需求重点以及与竞争对手的差距，才能把握、利用好市场机会。

④营销目标。

⑤营销战略。

⑥方案调整。这部分主要是对营销策划方案的补充，任何方案在执行过程中，都有可能出现与实际情况不适应的地方。因此，在执行营销策划方案时，必须随时根据市场的反馈信息对方案进行及时调整。

【营销策划方案模板】

策划目的

简明、扼要地说明整个策划的目的。

市场现状分析

1. 市场形势。对市场基本情况进行描述。内容包括市场总体规模及历史情况分析，细分市场分析，消费者的需求、购买习惯以及观念的分析。

2. 行为方面的趋势及态势。

3. 产品情况。内容包括产品销量、价格、利润等。

4. 竞争形势分析。竞争形势分析主要指的是潜在的竞争者，需要分析其规模、目标、市场占有率、营销战略及战术。

5. 分销情况。需要指出各分销渠道销售现状及各个渠道的重要性及所发生的变化；分析并指出各分销商的利用价值及成本。

6. 宏观环境。详细阐述影响产品营销活动的宏观环境因素，主要因素包括人口、经济、自然、科技、政治、法律及社会文化等。

SWOT分析

营销策划方案需要对产品和市场进行结合分析，制定可操作的策略，SWOT分析也是营销策划的关键。

1. 产品优势分析。主要针对竞争品牌，通常存在的具体问题，表现为以下几个方面。

（1）品牌知名度不高，形象不佳，影响产品的销售。

（2）产品质量不佳，功能不全，容易被消费者冷落；产品包装差，无法刺激消费者的购买欲望。

（3）产品价格定位不恰当。

（4）渠道选择错误或销售渠道不畅通，导致销售受阻。

（5）促销方式不正确，导致消费者难以了解企业产品。

（6）服务质量不过关，导致消费者不满意，影响销售。

（7）缺乏售后保障，消费者顾虑增加。

2. 产品劣势分析。主要对应同类产品竞争品牌。

3. 市场机会分析。

4. 环境威胁分析。

营销目标

经过上述市场现状分析及SWOT分析，要确定公司具体要实现的目标，也就是在营销策划方案执行期间所要达到的目标。如产品要实现销售×××万件，预计毛利润×××万元，市场占有率实现××等。

营销战略

1. 目标市场战略

（1）市场细分：根据人口、地理位置、消费心理、消费行为等进行市场细分。

（2）市场选择：阐明产品准备进入的细分市场，依据企业资源、市场同质性、产品同质性、竞争对手战略、产品生命周期阶段等，确定具体细分市场。

（3）市场定位：根据产品属性和利益、价格和质量、产品用途、使用者、产品档次定位、竞争地位、多重因素等，采用定位战略（初次定位、重新定位、对峙定位、回避定位），对产品定位的目标消费群体进行说明。

2. 市场营销组合战略

（1）产品策略。产品策略主要包括新产品开发、包装设计等。

（2）价格策略。根据目标战略确定定价方法，包括成本、竞争、需求等因素。

（3）渠道策略。根据市场、产品、购买行为、中间商、企业等影响因素，确定渠道建设长度、宽度或广度，确定营销渠道模式。在选择多渠道时，需要进一步细化不同渠道的价格和促销方式。

（4）促销策略。促销方式包括人员推销、广告、公共关系、销售促进等，营销促销的主要因素有促销目标、产品类型、市场特点、产品生命周期阶段等。

3. 市场营销预算

市场营销预算主要包括营销过程中的总费用、阶段费用以及项目费用等。

营销计划控制

对营销计划执行度、执行过程如何管理进行说明，对目标和预算按月、按季进行检查。

要点提示

对市场机会的把握和正确策略的应用是营销策划成功的关键。同时，要善于分析各类目标市场，针对消费群的特点进行市场细分，满足不同消费需求，抓住主要消费群体，才能提高整个营销策划活动的成功率。

第六章
市场调研策划文案

2007年，在没做任何市场调研的情况下，天盛以5 000万美元高价夺得英超联赛2007—2010赛季版权。天盛认为自己拿到了"尚方宝剑"，但很快就为自己的盲目行为付出了代价。2010年7月，天盛破产，球迷们的反应却是不屑一顾。没有调研就有没发言权，这是市场营销的黄金法则，唯有充分深入调研市场才是企业开展营销策划工作的根本和基础。

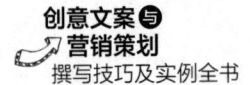

市场调研文案

市场是企业生存和发展的根本，因此企业在展开产品营销之前，必须对市场供求现状、消费者需求信息等进行调研，这不仅关系营销策划的成功与否，还关系整个企业生存与发展。

撰写市场调研文案是营销策划在组织正式市场调查之前，不可或缺的一环，也是组织有效市场调查的前期准备工作。掌握一定的市场调研文案撰写技巧，也是营销策划人员必须具备的技能之一。

通过文案的撰写，能使市场调研过程更容易把握核心，对数据整理会更加有条理，尤其是能够抓住调研过程中的一些重要细节。俗话说"细节决定成败"，事实上许多营销策划活动失败的案例，都失败在细节上。那么，市场调研文案的撰写，应该把握哪些重点呢？

1. 明确市场调研的目的。撰写市场调研文案时，要根据市场调研的目标，列出此次市场调研的具体目的和要求。通俗地说，明确市场调研的目的就是要明确为什么要做市场调研。撰写市场调研文案，要注重细节，对容易引起重视的问题提高敏感度，这样才能保证市场调研过程中的可操作性与实际效果。

2. 明确调研内容。调研内容是根据此次市场调研的目的而确定的，并为调研目标而服务，为了得出调研结论，必须充分收集有价值的资料。调研内容中的每一个问题，都要从消费者角度考虑，也必须都是企业目前存在的疑问，同时还要明确市场调研的局限性，尽量使每一个问题都能反映出多种实际情况。

3. 确定调查问卷设计。调查问卷是市场调研的基本工具，其设计质量直接影响市场调研结果的质量。随着互联网的迅速发展，调查的形式也逐渐多元化，许多传统市场调研方式也在发生改变，但其根本目的却都是相同的。调查问卷的设计要突出重点，与主题相契合，最重要的是要简洁、明确，保证消费者能听懂或者看懂，同时又能在较短时间内完成问卷。

4. 制订预算与调查进度。无论哪种形式的市场调研，都必须根据调研难度，制订调研的具体进度，对调研费用做出预算。预算方面，主要是对人力成本和物力成本的把控。另外，市场调研属于阶段性工作，因此也必须精准地把握调查进度，以免有所贻误。

【参考范文】

××洗发水市场调研文案设计

1. 调研目的

（1）分析××洗发水前期营销计划及消费者对产品的期望，明确产品优势和劣势以及面临的机会和威胁。

（2）了解消费者对××洗发水的认知以及接受程度。

（3）了解目前产品的知名度及消费者信任度，确定今后的营销重点。

2. 调研对象

××洗发水价格较高，需要消费者具有一定的购买能力和支付能力，因此本次调研主要针对有使用经验的消费群体，地点主要为全国重点城市。基于以上原则，被访群体暂定为以下为群。

（1）20～45岁城市居民。

（2）本人及亲属不在相应单位工作，如洗发水行业、市场调研公司等。

（3）过去半年内没有接受或参加过任何形式的相关市场营销调研。

3. 调研内容

根据上述调研目的，本次调研内容主要包括以下几点。

（1）根据营销计划做出全面分析，为日后营销计划提供科学依据。这部分需要采集的信息重点有以下几点。

①消费者对××洗发水的使用情况，是否用过？满意度如何？产品哪方面更能吸引消费者？

②对前期营销活动效果做了解，怎样知道××洗发水的？通过什么渠道购买到的？是否遇到过买不到的情况？使用后感受如何？产品在哪些方面需要改进？

③消费者对××洗发水功能方面的认知。

（2）了解消费者的消费观念以及对××洗发水前期营销推广做深入的调查。

（3）对产品前期营销推广的深入调查，需要掌握以下信息。

①消费者对××洗发水的了解程度，即消费者是否知道及使用过本产品。

②消费者对××洗发水的印象及评价，可采用5分制。另外，还要收集消费者年龄、性别、收入、职业以及发质等相关资料，用作统计分析。

4. 数据收集方法

（1）问卷时间控制在30分钟内，问卷经双方商讨并确定后正式启用。

（2）从全国7个城市内选取400名消费者作为调查对象，从每个城市的电话簿中随机选取400个号码，打电话核实受访者。

（3）采用结构性问卷，进行入户调查。

（4）对问卷中的数据进行系统整理，利用统计分析软件绘制图表，借助图表对调查问题进行深入分析，得出调查结论。

5. 调查进度表

问卷调查进度表

项目名称 \ 时间	1周	2周	3周	4周	5周	6周	7周	8周
方案与问卷设计								
问卷试访								
调查实施								
数据处理								
报告撰写与发布								

6. 费用预算表

问卷调查费用预算表

项目名称	项目费用（元）
问卷设计	
问卷印刷	
调研员培训	
试调查	
调研员劳务支出	
访问礼品支出	
调研差旅费	
问卷回收处理	
数据处理	
调研报告撰写	
报告印刷与装订	
总计	

> **要点提示**

1. 调研对象要根据产品特点进行界定，有些产品的购买者与使用者不一致，如某些婴儿产品，使用者是婴儿，调查对象却是孩子的妈妈；还有些产品要侧重于某一消费群体，如化妆品要针对女性，酒类产品调查对象就是男性。

2. 调研内容要突出重点，可以按照消费者使用前、使用时及使用后的评价列出调查的具体内容，避免面面俱到，内容过于烦琐。

3. 调查地区要与产品行销范围一致，由于调研样本有限，要将总样本按照比例分配到需要调研的各个区域中，提高调研的工作效率，减少费用支出。

市场调研问卷

问卷调查法是当前市场调研中较常用的一种方法,通过调查问卷,直接对单位或个人进行调查,具有简明、通俗、客观、真实、反馈快、保密性好等特点,因此经常被企业、营销策划机构等采用。

市场调研是营销策划活动中非常重要的内容,因为市场调研获取的市场资料与信息,是拟定营销策划文案的重要依据。要想通过市场调研活动获取准确、全面、有价值又符合要求的资料信息,关键需要有一份高质量的市场调查问卷表为依托。

市场调研问卷的设计需要掌握一定技巧,若缺乏理论和经验,则往往无法设计出一份完美的调查问卷,导致市场调研工作无法搜集到准确而全面的资料,也无法正确分析出市场的变化情况。

【写作要领】

1. 问卷结构

(1)卷首语。卷首语也叫开场白,是调查问卷的第一部分。

A. 称呼、问候。如:××先生、××女士,您好!

B. 调研员介绍。如:我是××公司市场调研员×××。

C. 阐明调研的目的及意义。如:"我们想了解一下您对××饮料包装、口味等相关问题的看法,您的回答对我们非常重要,将有助于我们改良产品,为您提供更优质的产品和服务。"

D. 说明作答不会给受访者带来任何麻烦。

E. 说明作答方式。如:打钩还是画圈,是单选还是多选。

F. 说明作答时间。如:"很抱歉,我们将耽误您2分钟时间!"

G. 表明受访者在受访后的回报。如:在什么时间、什么地点、领取什么礼品。

H. 表示感谢。如:"谢谢您的支持!"

I. 签好署名和日期。

(2)问卷内容。问卷内容是市场调研问卷的主题部分,需要视具体调研项目及调研任务情况来定。

(3)问卷记录。问卷记录主要包括以下内容。

A. 受访人员的姓名、编号。

B. 审核员姓名。

C. 编码员姓名。

D. 受访者的年龄、性别、地址、电话号码等资料。

E. 访问时间。

F. 问卷编号。

G. 其他相关信息。

(4)问卷填写说明。这部分内容是对问卷涉及的问题和术语等相关信息加以诠释,对调研人员需要遵守的事项以及受访人员填写注意事项加以说明。

2. 问卷形式

(1)封闭式。封闭式问卷指的是在问卷中提出问题,并事先拟定好各种可能的答案,由被访问者做选择题。

（2）开放式。开放式问卷指的是在问卷中提出问题，但不列出所有答案，由被访问者自由回答。

3. 调查问卷的设计流程

（1）确定调查问卷设计的主题。

（2）确定提问方式及回答问题的顺序。

（3）设计问卷初稿并做好预调查。

（4）设计正式的市场调查问卷。

4. 市场调研问卷设计注意事项

（1）市场调研问卷设计的题目要避免一问两答。

（2）调研问卷内容设计要便于受访者记忆，避免难为受访者。

（3）调研问卷的具体内容要言简意赅、清晰明了、通俗易懂。

（4）用词要形象、生动，避免问题带有暗示或诱导性。

（5）问题设计顺序要遵守先简后繁的原则，同时注意在适当的地方插入一些激励受访者继续回答的话题。

（6）注意提出问题的合理性。

【参考范文】

范文一：

×××运动品牌市场问卷调查表

1. 您是否喜爱运动？

A. 是 □   B. 否 □

2. 您是否经常购买运动系列的产品？

A. 是 □   B. 否 □

3. 您是否听说过"×××"这个品牌？

A. 是 ☐　　B. 否 ☐

4. 您是否观看过"×××"品牌的广告？

A. 是 ☐　　B. 否 ☐

5. 您对"×××"产品的了解有多少？

A. 很少 ☐　　B. 一般 ☐　　C. 很多 ☐

6. 您对"×××"的印象如何？

A. 不好 ☐　　B. 一般 ☐　　C. 很好 ☐

7. 您觉得"×××"产品的市场竞争对手主要有哪些？

A. 彪马 ☐　　B. 阿迪达斯 ☐　　C. 锐步 ☐　　D. 李宁 ☐

8. 您是否购买过"×××"的产品？

A. 没有 ☐　　B. 偶尔 ☐　　C. 经常 ☐

9. 您对"×××"产品的质量是否感到满意？

A. 不满意 ☐　　B. 一般 ☐　　C. 满意 ☐

10. 您对"×××"的售后服务是否满意？

A. 不满意 ☐　　B. 一般 ☐　　C. 满意 ☐

11. 您对"×××"的价位有什么看法？

A. 便宜 ☐　　B. 一般 ☐　　C. 太贵 ☐

12. 您认为运动系列产品的价位是多少才能够接受？

A. 100～300元 ☐　　B. 300～600元 ☐
C. 600～1 000元 ☐

13. 您对国内外品牌更钟爱哪个？

A. 国内 ☐　　B. 国外 ☐

14. 您的性别。

A. 男 ☐　　B. 女 ☐

15. 您处于哪个年龄段？

A. 少年 ☐　　B. 青年 ☐　　C. 中年 ☐　　D. 老年 ☐

16. 您的职业。

A. 学生□　　B. 工人□　　C. 老板□　　D. 其他□

17. 您的月收入是多少?

A. 1 000元以下□　　　　　B. 1 000~3 000元□

C. 3 000~5 000元□　　　　D. 5 000元以上□

18. 您对"×××"产品有什么看法?

A. 产品价位太高难以接受□　　B. 产品质量应该加强□

C. 产品售后服务应该加强□　　D. 产品款式应该更加新颖□

范文二:

某啤酒市场调查问卷

尊敬的客户:

您好!我们想了解一下您对啤酒市场有关问题的看法,您的回答对我们十分重要,这有助于我们改良产品,为您提供更优质的产品和服务。本调查只做参考研究之用,信息不会对外公开,您可以安心回答。

首先,感谢您的支持与合作!

1. 受访者性别。

A. 男□　　B. 女□

2. 受访者年龄。

A. 18岁以下□　B. 18~24岁□　C. 25~30岁□

D. 31~40岁□　E. 41~50岁□　F. 50岁以上□

3. 您对啤酒的依赖程度?

A. 偶尔喝□　　B. 想喝就喝□　　C. 每天必喝□

4. 您喝啤酒的历史?

A. 1年以内□　B. 2~5年□　C. 6~10年□　D. 10年以上□

5. 您是否有偏爱的啤酒品牌？

   A. 有 ☐　　　　　　　B. 没有 ☐

6. 您购买啤酒时，是否指定品牌？

   A. 一定要 ☐　　　　　B. 指定品牌，但不坚持非要这种品牌 ☐

   C. 不指定品牌 ☐　　　D. 只有一定不会购买的品牌 ☐

7. 您喜欢哪种规格的啤酒？

   A. 大瓶装（700mL）☐　　　B. 小瓶装（350mL）☐

   C. 易拉罐 ☐　　　　　　　　D. 整箱购买 ☐

8. 您的月收入是多少？

   A. 1 000元以下 ☐　　　　　B. 1 000～3 000元 ☐

   C. 3 000～5 000元 ☐　　　 D. 5 000元以上 ☐

9. 您一个月用在啤酒上的消费是多少？

   A. 50元以下 ☐　　　　B. 50～100元 ☐

   C. 100～300元 ☐　　　D. 300～500元 ☐　　E. 500元以上 ☐

10. 您常喝下面哪种牌子的啤酒？

    A. 青岛 ☐　　　B. 北京 ☐　　　C. 雪花 ☐　　　D. 百威 ☐

    E. 喜力 ☐　　　F. 蓝带 ☐　　　G. 嘉士伯 ☐

11. 您为什么选择这种或这些品牌？

    A. 口感好 ☐　　　　　　　　　B. 著名品牌，品质保证 ☐

    C. 个人偏好，没有原因 ☐　　　D. 包装精美，比较有档次 ☐

    E. 周围的人都喜欢 ☐　　　　　F. 市场上常见，购买方便 ☐

    G. 其他原因 ☐

12. 您会对什么样的品牌印象深刻？

    A. 口感极佳 ☐　　　　　B. 价格适中 ☐　　　　C. 抽奖活动 ☐

    D. 广告宣传到位 ☐　　　E. 品牌保证 ☐　　　　F. 经常搞促销活动 ☐

    G. 活动赞助商 ☐　　　　H. 其他原因 ☐

13. 您经常喝哪种口味的啤酒？

A. 清爽 □　　B. 醇和 □　　C. 纯生 □　　D. 小麦 □

E. 全麦 □　　F. 果啤 □　　G. 特啤 □　　H. 其他 □

14. 您通常会在哪里购买啤酒？

A. 大型超市 □　　B. 便利店 □　　C. 商场 □

D. 附近小商店 □　　E. 酒吧 □　　F. 网购 □

15. 您通常会在什么心情状态下喝啤酒？

A. 高兴时 □　　B. 心烦时 □　　C. 无聊时 □

D. 伤心时 □　　E. 郁闷时 □　　F. 其他 □

要点提示 ▶▶

1. 问题设计是市场调研问卷的核心部分，需要根据调研目标及策划主题设定合理、有效的问题。

2. 问题前后顺序及相互之间的联系会影响被访问者对问题的回答，甚至影响调查的顺利进行。

市场调研报告

市场调研报告是根据市场调查、搜集、记录、整理及分析市场对产品需求状况等信息的市场文案,为客户提供决策基础,是一系列信息的组合。换而言之,市场调研报告就是用市场经济规律进行分析和深入、细致的调查研究,透过现象揭示本质。

市场调研报告是市场调查研究成果的集中体现,撰写质量的好坏会直接影响整个市场调研工作的成效。一份优秀的市场调研报告,能为企业营销活动提供强有力的导向,为企业决策提供正确的客观依据,帮助企业了解并掌握市场当前现状及发展趋势,增强企业面对市场变化的应变能力及竞争力。其中为企业营销活动提供有效数据是市场调研报告的主要作用。

【写作要领】

市场调研报告按照内容的不同,可以分为综合性市场调研报告及专题性市场调研报告;按表述手法的不同,可以分为陈述型市场调研报告、分析型市场调研报告等。

相对其他普通调研报告而言,市场调研报告无论在材料形成还是结构布局方面,都存在明显的共性特征,内容上更集中、更有专门性。市场调研报告实际上并没有固定不变的撰写格式，不同市场调研报告的撰写，主要根据调查目的、内容、结果以及主要用途决定。但通常来说，各种市场调研报告的撰写在结构上都包括标题、前言、主题及结尾4个部分。

1. 标题。市场调研报告的标题必须准确揭示调研报告的主题思想，可分为单标题与双标题，也就是既有正标题又有副标题。标题要简单、明了，题文相符，如《×× 市住宅消费需求调研报告》《×× 市化妆品市场调研报告》。

2. 前言。前言是市场调研报告的开头部分，阐明市场调查的目的和意义，也有些市场调研报告在前言中先写调研结论或直接提出问题等。

3. 主题。市场调研报告的主要内容，也是表现调研报告主题的重要部分，这部分决定了调研报告的质量及作用。主题部分要客观、全面地阐述市场调研获得的材料、数据，对有些问题及现象做深入分析，并得出结论。如果正文内容较长、信息复杂，则可采用图表等方式进行整理、概括。

4. 结尾。结尾部分是体现总结、启示和预测的结语，也是市场调研的基本结论，有些调研报告会提出相关对策和措施，以供决策者参考。另外，还有些市场调研报告在结尾后附加附录，其内容通常是有关调查的统计图表、材料出处、参考文献等。

【参考范文】

范文一：

××× 市场调研分析报告（标题）

前言

（说明此次市场调研背景和对象，阐明此次市场分析的目的、范围、收获、经历、经验等信息。）

1. 调研目的

（这部分要说明调研信息对产品、企业及企业发展规划的作用。）

2. 调研方法

（1）调研设计。

（这部分要说明开展的项目属于探索性调查、描述性调查、因果性调查，还是预测性调查，为什么适用于这一特定类型调查。）

（2）资料收集方法。

（这部分主要说明所采集的资料是原始资料还是次级资料，获取结果的方式是调查、观察，还是实验。）

（3）抽样方式。

（这部分主要撰写目标总体是什么，抽样如何确定，是什么样的样本单位，它们怎样被选出来。）

3. 调查数据统计及分析

（例如：本次调查共有××人参加并且完成了调查问卷，回收率为××%，有效问卷占××%。我们主要针对××××，被调查对象主要××××，针对××问题的××方面进行数据统计及分析，并最后给出相关建议。这部分内容可采用分点、图表等表述方式，力求客观、准确。）

4. 结论

5. 营销活动启示与建议

6. 心得体会

附录1：市场调研计划书

附录2：原始市场调研问卷

附录3：数据列表及编码明细表

附录4：幻灯片

范文二：

××沙发市场调研报告

1. 市场调研

目前，市场上的沙发按照材质的不同，主要分为木质沙发、真皮沙发、布艺沙发及布皮结合沙发4种。木质沙发由各种木材制造而成，坐垫与靠背上没有面料修饰，优点是实用性强、环保性较好，缺点是比较生硬、舒适感不强。如果没有人性化设计，则很难满足消费者对舒适性的要求。

市场上高档沙发品牌主要有×××、××××、×××、××××等，中档品牌包括×××、××××、×××等，低档品牌则有××××、×××、×××等。

2. ××沙发市场概况

目前，××沙发销售市场主要集中在××大街的××家居、××家居、××商城、××商城、××家具、××家具、××家具城。从产品档次上看，××家居、××家居属高档品牌聚集地，××商城、××家具、××家具、××家具则汇聚了来自全国的中低档沙发品牌。

从营销定位上而言，各商城均有自己的差异化定位，知名品牌、高档产品的专卖店向××家居、××家具城集中；中档及部分专业市场，多数集中在××家具城；低档产品批发业务集中在××与××家具城。××走的是专业化办公家具的路子，与其同一东家的××家居形成互补，对其他家具商城形成攻击。

3. 消费者调查

（1）消费者细分特性描述。

A. 工薪阶层。普通百姓、工薪阶层是低价位沙发产品的主要消费群体，他们的需求是简单、实用，又符合流行审美观，需要较多功能以便充分利用有限的居住空间。从心理角度上来说，他们希望产品具有中高档次的设计风格，价位偏中低档。

B. 中高层次消费群体。这部分消费者事业有成、思想独立，对个性化需求的追求十分明显，对沙发的性价比、设计风格、用材、品牌定位比较看重。目前，市场上许多生产厂家用自己的原创设计及针对目标消费者的技术研发，满足这部分消费者的需求。

C. 高层次消费群体。这部分消费者位于消费金字塔的顶端，对沙发的要求首先是品牌要与自己的社会地位相匹配，通常选择的是国际品牌或知名品牌。

D. 办公用品。办公用沙发消费者主要是经济水平处于中高层次的群体，由于公司形象或私人喜好的需要，这部分消费者更看重品牌，一般选择知名品牌。经济条件一般的，通常会选择中档品牌，既顾及企业形象，又节省资金。

（2）影响消费者购买的主要因素。

A. 低端消费者——无污染、无异味、健康、舒适、价格实惠。

B. 中端消费者——大品牌。

C. 高端消费者——舒服、价格便宜。

4. 沙发产品发展走势

通过市场调研问卷、访谈及二手资料查找，总结出目前沙发产品的三大走势如下。

（1）产品设计。力求创新，与国际产品接轨。简约、舒适是目前城市消费者缓解生活压力的主题。

（2）产品使用。力求物流配送、安装更加快捷、方便，注重个性化色彩和设计。

（3）品牌趋势。由于产品日趋细分，而且产品同质化情况严重，沙发品牌的两极化发展也越来越明显。知名品牌更注重品牌建设及推广，中档品牌很容易在竞争中被淘汰，小品牌则利用自己成本、价格及地域优势占据中下层消费区域。

范文三：

关于大学生传统民族节日意识调查报告

随着时代的发展，中国与西方国家的交流日趋频繁，中西方文化的差异也渐渐缩小。这就使得很多人淡化中国传统节日而注重外来节日，像2月14日的"西方情人节"、4月1日的"愚人节"、12月25日的"圣诞节"等西方国家的节日在中国变得相当流行，而中国传统的节日像农历五月初五的"端午节"等节日却被我们中国人淡化。

1. 大学生对我国传统节日的了解和重视程度

大部分大学生认为中国传统节日是具有深远意义的，是值得倡导并隆重举行的，比如"端午节"与爱国诗人屈原有渊源；还有部分大学生认为他们对中国传统节日的了解程度不是很高，不明白部分节日的意义，所以表示不是很提倡；有的人甚至表示对中国传统节日都不是很了解。在调查中发现，很多人不能完全说出中国传统节日有哪些，有些竟然表示不知道"端午节"这个节日。

2. 当代大学生对西方国家节日的了解及重视程度

一部分大学生认为要与西方国家"接轨"，要学习西方的先进科技及文化，就必须接受西方国家的文化及节日传统；大多数人表示对于西方国家的节日不能完全摒弃，也不能完全接受，中西方文化的交流和融合并不意味着否定某一方，而是两者的融合。对于西方节日，他们表示可以接受，但不会隆重庆祝，毕竟那是别人的节日。

3. 大学生热衷外国节日的主要原因

对我国文化、民族传统知识的欠缺以及盲目从众、崇洋媚外的心理，导致部分大学生对外国节日表现出"狂热"的态度。中国文化博大精深，而当代大学生从小就被社会定位为为考试而拼命学习的一类人，大部分时间都用来"钻研"那些课本知识以应付考试，忽视了对中国传统文化知识的了解，错误地认为科技、经济等方面优于中国的部分西方国家就是自己的偶像，导致崇洋媚外，热衷于外国的文化教育及服饰等，当然西方国家的节日也成为他们青睐的对象。

4. 调查中出现的令人"匪夷所思"的问题

在与部分大学生的交流中，发现了极少部分大学生的一些令人无奈又"匪夷所思"的观点。

（1）建议给中国传统节日"易名"。极少大学生由于对西方国家的过度崇拜，竟然给部分中国传统节日加上一个类似于西方节日名字的称呼，比如"中国情人节"，更令人无语的是有人建议将"清明节"改名为"中国鬼节"。

（2）一部分人表示"不承认"中国的传统节日。一部分人认为当"节日"的概念被"假日"替换以后，是节日就应该有假期，可是中国的很多节日都没有放假时间。这样一来，他们觉得这些节日不能算是真正意义上的节日，从而忽视甚至不承认那是中国传统节日。他们表示这样的节日犹如"食而无味"，所以不愿接受。

5. 保护中国传统节日文化遗产刻不容缓

在调查中，少量大学生对韩国申报端午节为世界文化遗产并成功这一事件义愤填膺，他们认为中国人民应注重保护自己的文化遗产，对2005年韩国申报中国的"端午节"为他们的节日这一事件，我们应该予以重视。对于这些非物质文化遗产，我们每个中国人都应该重视。保护中国传统节日等非物质文化遗产刻不容缓。

6. 结论与建议

通过调查发现，当代大学生对中国传统文化尤其是传统节日的重视程度较为欠缺，这是由对我国文化知识及传统观念的缺乏而导致的。希望当代在校大学生能加强对我国传统文化的学习和了解，树立良好的人生观、价值观，用行动证明自己的爱国热情。

> **要点提示** ▶▶
>
> 1. 市场调研报告是决策的重要依据之一，必须有的放矢，通过对真实材料的客观分析，得出正确的结论。
>
> 2. 市场调研报告要对调研获取的材料进行科学的分析，从中找出反映市场变化的内在规律，报告的结论要准确、可靠。
>
> 3. 市场调研报告要及时、迅速、准确地反映当下市场中出现的新情况、新问题，要突出"快"和"新"。

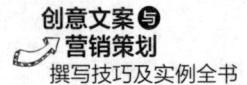

市场预测报告

如果没有信息来源、没有市场调查和预测，营销策划就会变成空中楼阁。市场预测报告就是根据已经掌握的相关市场信息，通过科学的方法，对影响市场供求变化的诸多因素进行分析和研究，从而形成可预测市场未来发展趋势的一种预见性报告。

市场预测报告实际上是调查报告的一种特殊形式，也是应用文文体之一。要想撰写市场预测报告文案，首先要对市场未来发展趋势做出预见性判断，尽力将市场需求不确定性最小化，使预测结果与未来实际情况的偏差最小化。因此，市场预测报告选定的预测对象越明确，现实的指导意义也就越大。

【写作要领】

1. 标题。市场预测报告的标题通常由预测和预测展望构成，标题撰写要求简明扼要，清晰明了。

2. 前言。前言部分的撰写，要求用精练的文字，阐明预测的主旨或概括全文的主要内容，也可以将预测结果写入这部分，用来引起读者的阅读兴趣。

3. 正文。正文部分是市场预测报告的主体，通常包括现状、预测及建议3个部分。

（1）现状。现状部分就是根据过去和现在的市场发展，预测未来。因此在写作过程中，要从收集的材料中选择具有代表性的信息、数据进行分析，为预测提供依据。

（2）预测。预测部分是利用市场调研资料，进行科学的定性分析和定量分析，进而预测经济活动趋势及规律。这部分也是市场预测报告的核心所在。因此，预测部分要在调查研究取得资料数据的基础上，通过对材料的认真分析，再经过判断推理，总结市场发展变化的规律。

（3）建议。这部分主要是针对上述预测，为决策者提供有价值的参考建议，这也是撰写市场预测报告的目的所在。建议这部分要以预测分析结果为依据，提出的建议也要切合实际。

4. 附件。附件内容多为图、表格等数据材料以及其他辅助材料。

5. 结尾。结尾部分是对预测结论的总结，可以提出展望，鼓舞人心，也可以重申观点，加深认识。

【参考范文】

范文一：

20××年新媒体投资趋势预测报告

1. 市场分析

虽然各投资机构的投资风格与投资阶段不同，但从整体来看，20××年投资趋势变化不大。综合几家互联网主流投资机构，20××年各投资机构制定的投资方向，热点依然是移动互联网、多屏结合和O2O（online to offline，线上到线下）。需要注意的是，许多家VC（风险投资或创业投资）

开始关注产品内容的精细化运作,而这与市场的变化是紧密相关的。

20××年,×国股市遇冷,国内同样受到影响,总结20××年的投资市场,20××年的投资泡沫逐渐消散,企业估值也渐渐回归理性,许多创业者想从VC那里拿到钱,变得更难了。其主要原因是,VC也不知道市场什么时候回暖,什么时候能拿到回报。

过去,投资人与创业人都有一个共同的梦想,那就是公司上市。公司上市不仅可以为公司发展带来资金,VC也可以获得很好的回报,但目前情况发生了很大变化。国内外股市情况都不太好,所以投资人和创业者不能只盯着股市,而应该把目光转移到市场和客户身上,这样无论公司是否上市,企业都能获得成功。

20××年,多家VC瞄准了注重内容生产的TMT(电信、媒体、科技)项目。此类项目服务于某特定用户群体,投资回报时间可能更长。此类项目并不限于某一种类型,可以延伸到诸如手机游戏、新媒体、移动广告等项目。

2. 内容回归

前不久,×××在创新中国20××年春季赛的演讲中表示,他非常看好××网创始人××的再创业项目,虽然这个项目并没有透露投资方,但并不排除再度获得×××投资的可能性。×××说:"以前××做××是做平台,现在××成立新公司,开始做内容,这也说明了一种趋势,文化产业也需要VC的关注。"

"×××前年在××投资了一个手游公司,7个月后卖给一家××公司,带来了好几倍的回报,因此说,做内容的同时,不一定需要上市。"无论文化产业、游戏,还是新媒体,VC都开始瞄准内容的精细化运作,新颖的内容载体、前沿技术及多维推广方式都是标准配置。

互联网及移动互联网发展至今,平台类机会以及工具类机会越来越少,要么由巨头把持,要么竞争非常惨烈,原来快速拉拢用户的一些方法,如产品体验、各种交互、社交等,都已经开始慢慢变成标配,进入沉淀用户的阶段。

同样，消费者也从看新鲜、看热闹开始真正回归。所以说想要真正吸引消费者，并留住消费者，重要的还是内容质量。内容不只是新闻和信息，还包括视频、声音、游戏，等等。只有将这些好内容真正沉淀下来，并将与对应的消费者关系沉淀下来，这样的商业模式才能真正生根发芽。

3. 投资有影响力的生意

专注于制造内容的产品，必须具备"影响力"这个无形资产。有人认为，影响力是一种无形资产，新媒体不用考虑盈利的问题，但要在舆论中创造影响力，影响力是无法用钱衡量的价值。现在，敢于向具备"软实力"公司投资的投资者越来越多，投资方看重的也并非是短期收益，而这也正是内容生产者的优势之一。

××传媒当然懂得媒体的力量，但是其否认了投资××是投资"影响力"的这种说法，而是"投资关于影响力的生意"。××传媒旗下投资机构××××投资总监××表示，投资××源于传统媒体对新内容载体的探索。

"我们的投资都是围绕内容的整个生态链，从内容生产到内容传播再到内容消费以及背后的大数据。""如果有一些投资方企图控制这种影响力，肯定是一种短视的行为，因为用户的分辨能力比之前任何一个时期都要强。作为投资方，只需给予支持，而不是干预。"

范文二：

20××年××快餐店市场预测报告

随着高校扩大招生，学生数量大幅度增长，传统大学生食堂已不能满足大学生对日常餐饮的需求，学校周边的快餐行业迅速发展壮大。为了了解学校周边××快餐店的发展现状及经营方向，特此做出××快餐店20××年市场预测报告。

1. 现状

（1）××快餐店市场环境分析。

①地理环境。××快餐店位于××美食城内，距离××大学100米左右。××大学有近1万名学生，并且附近的居民区较为集中。

②店面环境。××快餐店店面规模小，局限于消费场所，没有让消费者在店内用餐的环境，装修简单，但店面干净、整洁。××快餐店的两旁，也都是快餐店，对面是"砂锅饭"店面，附近还有许多快餐店及面食店。

③竞争环境。××快餐店周边的餐饮店面很多，竞争非常激烈。其中××砂锅饭、××烧卤饭、×××烧卤饭、××快餐、×××快餐等，都是竞争对手，其余的快餐店相对影响较小。

（2）××快餐店的商圈。

①因为××快餐店贴近××大学，学生群体是主要消费者，消费金额不高，属于文教区商圈。

②以××快餐店为中心，50米半径的圆圈周围是××大学及居民住宅区，客流量大，但竞争者相对较多。

（3）××快餐店经营范围。

只经营快餐及砂锅饭。

（4）价格及规格。

××快餐店的快餐价格每份在6～8元，相对于他快餐店，价格比较合理，学生群体普遍可以接受。

（5）促销策略。

（6）××快餐店基本信息。

1个门面、10多张桌子、1个厨房、2个卖饭窗口、7～8名工作人员。

2. 预测

（1）随着××校招生规模的扩大，学生数量大幅增长，并且连年扩招，这个数量还会持续增加。随着大学生消费水平的逐渐提高，××学校周边市场潜在爆发力日益增强，因此××大学周边的餐饮行业，具有一定发展潜力。

（2）高校人流量越来越集中。

（3）饮食业发展逐步呈现稳健增长趋势。

（4）××快餐店周边将会有更多快餐店、面食店类店面开张，很可能出现更强有力的竞争对手，竞争也会更加激烈。

（5）原材料价格不断上涨，消费群体不能接受不断上涨的价格。

3. 建议

（1）根据不同季节，推出与本季节相应的产品。

（2）偶尔做一些吸引消费者的促销活动。

（3）保证原材料来源及质量。

（4）做好相应宣传工作，给消费者留下好印象，尤其是公益性宣传。

（5）店面卫生保持干净、整洁。

（6）店面装修要精致，给消费者营造良好的用餐环境。

（7）节假日推出一些优惠产品。

（8）增加网络订餐、送外卖等服务。

（9）扩大门面。

每家快餐店都有自己的营销目标，都希望把生意做得更好。随着××大学大规模扩招，××大学学生数量会出现大幅度增长，这就为在××大学周边的××快餐店提供了更多有利的发展条件。希望××快餐店能够提供更适合学生消费群体的快餐，把好食品质量安全关，为学生消费群体提供更好的服务。

要点提示

市场预测报告的撰写必须要有系统性、预见性、实效性、真实性，能运用资料数据，准确说明现状，分解资料数据，进行科学预测分析，并能提供可行性建议。

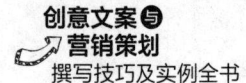

掌握问题设计技巧,轻松捕获第一手资料

问卷是市场调研工作中收集一手资料的重要方法。问卷的设计质量,直接影响数据收集的结果,而问题设计又是问卷设计的重中之重。问题设计的优劣,还决定了调查问卷在执行过程中的效率,受访者是否愿意回答问卷上的问题。

相同问题用不同提法,能给人不同的感受。调查问卷开头的几个问题,最好采用开放式问题,答案必须简单,给受访者自由发挥的空间,让受访者充分发表自己的意见。如此,陌生人之间的距离感自然而然就会被缩短,如果一开始就提"大叔,您好,请问您的姓名?"这种问题,那么被拒绝的概率几乎是百分之百。因此,掌握一定的提问技巧对问卷设计人员来说,十分重要。

问题定义要准确

对受访者而言,一个问题应该只有一个解释。若问题定义不清楚,则很容易产生歧义,让受访者无法回答。例如:

您使用哪个牌子的洗发液?

从表面上看，这个问题似乎主题很明确，但仔细分析就会发现很多问题。如果被访者使用过多个品牌的洗发液，那么他可能就会有4种不同理解：

①回答自己喜欢的洗发液品牌；

②回答自己常用的洗发液品牌，但不一定是最喜欢的；

③回答自己最近正在使用的洗发液品牌；

④回答自己最先想到的洗发液品牌。

而且，这个问题在时间上也不明确，是上次、上周，还是上月个，甚至更长时间？这些问题都可能会被受访者随意理解，这样的问题显然也无法搜集到准确的信息。因此，准确定义问题对调查问卷非常重要，可以从下面几个方面入手。

1. 明确问题五要素。问题的五要素是指什么人、在什么时间、在什么地点、做什么、为什么做。问题模糊往往是产生歧义的主要原因，通常是由缺乏限定或限定不清而引起的。参照这五要素，上面的问题可以改成：

在过去的1个月中，您在家中使用什么品牌的洗发液？如果超过1个，则请您也列出其他品牌的名称。

这样改过以后，问题就非常明确了。

2. 避免使用模糊词语。避免使用如"有时、经常、偶尔、很少、很多、相当多"等含义模糊的词语，这些词语对不同的人而言，有不同的理解。例如：

您通常在1个月中，到超市的采购情况如何？

（1）A. 从不☐　　B. 偶尔☐　　C. 经常☐　　D. 定期☐

（2）A. 少于1次☐　B. 1~2次☐　C. 3~4次☐　D. 超过4次☐

很显然，（2）的答案设计要比（1）精准得多。

3. 避免含有隐藏选择。无论是开放式问题还是选择式问题，都要尽量避免问题中的隐藏选择，尽量让隐藏选择明晰化，必须让受访者清楚所有备选选项及后果，否则就很难正确地搜集信息。例如：

（1）400千米以内的短途旅行，您喜欢乘飞机吗？

（2）400千米以内的短途旅行，您喜欢乘飞机还是喜欢坐汽车或选择其他出行方式？

很显然，问题（2）要比问题（1）好得多。

问题形式要合理

问题的形式要具有一定的艺术性及合理性，才能让被访者更愿意配合调查工作。不恰当的形式选择与处理方式，会让被访者不愿意配合调查或不能够提供问题所需的信息。在问题形式的选择上，要注意以下几个方面。

1. 避免问题中包含过多计算。例如：

请问您的家庭平均每人每年的食品支出有多少？

这个问题要求被访者需要进行复杂的计算才能得出结果，会让被访者觉得麻烦。在问题设计上，要着眼于取得最基本的信息，减少被访者的计算负担。上面的问题可以拆分成下面两个小问题，取得数据后，人均年食品支出也就计算出来了，同时也减少了被访者需要计算的负担。

（1）请问您的家庭每月食品支出大概是多少？

（2）请问您家中有几口人？

2. 避免直接提涉及个人隐私的问题。例如：

请问您每个月的工资收入是多少？

问题涉及被访者敏感的个人隐私，很容易遭到直接拒绝，而要改为非直接、联想式提问。上面的问题可以采用选择题形式，例如：

您的月收入是多少？

A. 1 000元以下 □　　B. 1 000~3000元 □

C. 3 000~5 000元 □　　D. 5 000元以上 □

这样就会在一定程度上降低被访者的窘迫性，另外还可以通过说明信息的正当用途降低问题的敏感性。

3. 避免具有诱导性倾向的问题。例如：

大家都说A牌电脑比B牌电脑质量更好，您是不是也这样认为？

上面的问题就带有明显的引导性倾向，会影响被访者的选择。通常在有外界压力存在的情况下，被访者会提供符合压力施加方偏好的答案，如此就不会真正得到被访者自身的想法了。避免这种诱导性倾向，应该给被访者自由发挥的空间。上面的问题可以改成：

您认为A牌电脑与B牌电脑，哪个质量更好一些呢？

如此，问题不仅更加客观，也给了被访者思考和回答的空间，也就更容易获得被访者真正的想法。

问题顺序要正确

问题的设计安排要合乎逻辑，即先后顺序安排有序，遵循前后连贯、先易后难的原则，避免刚开始调查就被受访者终止。例如，问卷开始就要求被访者填写姓名、性别、年龄、婚否、职业等问题，就好像在填申请表，很容易引起被访者的反感，这也是许多调查问卷在问题顺序安排时常见的错误。问卷中问题顺序的安排问题，可以参考以下几点建议。

1. 调查信息主要包括基本信息、分类信息、鉴别性信息3类。基本信息是为了达到研究目标所必带的信息，如产品、价格、促销信息的调查。分类信息是将被访者按年龄、性别、职业等分类而组成的资料。鉴别性信息如被访者姓名、电话、住址等。通常，最主要的问题要放在最前面，顺序安排为基本信息、分类信息、鉴别性信息。也就是说，如果前面的重要问题能够得到回答，那么后面即使被访者终止，也无关大局了。

2. 先易后难。将容易、直观、清楚的问题放在前面，将困难、复杂、敏感、窘迫的问题放在后面。这样随着调查的进行，调研人员与被访者交流逐渐深入，被访者也就愿意回答一些复杂、敏感的问题了。

3. 总括性问题应先于特定性问题。总括性问题指对某个事物总体特征的提问。例如：

在选择冰箱时，哪些因素会影响你的选择？

特定性问题指对事物某个要素或某个方面的提问，例如：

您在选择冰箱时，耗电量处于一个什么样的重要程度？

如果将特定性问题放在前面，就会影响总括性问题的回答，"耗电量"这个问题就会显得突出。

问题取舍要合理

调查问卷要想在保证搜集到全面资料的基础上，做到尽量简短，问题数量就必须合理。目前，有些调查问卷过于冗长，其中不乏与主题毫不相关的问题；也有些虽然精练，但又不能全面搜集所需资料。因此，在问题设计方面要懂得取舍，具体要注意以下几个方面。

1. 明确主题。每个问题的提出，都要明确主题要调查什么，避免为节省费用而附带调查主题之外的问题，逻辑不严密会影响被访者答卷的态度。

2. 轻松、融洽。问题设计不能过于呆板，可以设置一些表面上与主题无关，但实质上却有意义的问题，尤其在涉及较为敏感的问题时，这个方法尤为有效。而且，轻松、幽默的问题方式，更容易调动被访者回答的积极性。

3. 节省时间。这就需要在问卷开始之前，设置一个"过滤性问题"，通过这样的问题筛选被访者。例如，想要调查平板电脑产品的不足之处，就必须要调查平板电脑的使用者，问卷开始时可以设置"您使用过平板电脑吗？"这样的问题，就可以及时过滤不合适的被访者，以节省调研时间。

【实战测试】

20××年×月初，沃尔沃公布的年终报告中显示，沃尔沃在中国上半年销量增长×××%，全球销量增长×××%。就在沃尔沃被吉利收购的一年中，许多业内专家认为，沃尔沃应该减少母公司吉利低端形象对沃尔沃品牌的影响。也有许多消费者说:"沃尔沃变成吉利沃尔沃了,你还买不买沃尔沃?"也有许多网友调侃:"吉利沃尔沃,你到底是沃尔沃中的吉利,还是吉利中的沃尔沃?"

上述因素很可能在很大程度上影响沃尔沃品牌的形象,请你试着分析吉利沃尔沃的市场调研重点。参考本章内容,尝试确定调研主题,设计一份调查问卷,并尝试撰写一份书面调研报告。

> **要点提示** ▶
>
> 问题设计要符合人们的正常思维习惯,避免突然跳转话题。在引入一个新话题的时候,需要合理设计过渡,并做出相关解释,让被访者明确整篇问卷的内在逻辑关系。

第七章
企业品牌策划文案

品牌是一种名称、术语、标志及符号，又或是它们的组合运用，其目的是辨认某个销售者或某群销售者的产品或服务，使之与竞争对手区分开来。品牌是企业的无形资产，能为企业带来巨大的价值，增强企业的竞争力。正因为如此，品牌策划在企业营销战略中，占据了极其重要的位置。

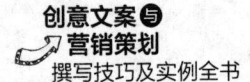

品牌定位策划文案

品牌定位理论源于"定位之父"杰克·特劳特首创的战略定位,指的是为某个特定品牌确定一个适当的市场位置,让产品在消费者心中占据一个特殊的位置,比如炎热的夏季,突然口渴时,人们会自然而然想到买一瓶"雪碧"。

品牌定位是企业在市场定位及产品定位的基础上,对特定品牌在文化取向及个性化差异上的商业性决策,企业一旦选定目标市场,就要对相应的产品进行定位策划,以争取消费者的认同。品牌是产品信息传播的基础,是影响消费者选购的主要因素之一,也是连接产品与消费者的桥梁。因此,品牌定位也就成为市场定位的核心。

【写作要领】

品牌定位,必须满足于消费者需求,借助信息传播,让品牌在消费者心中占据一个有利位置。因此,品牌定位必须首先考虑目标消费者的需要,借助消费者行为调查,了解目标消费群体的生活形态或心理层面的情况,找到切中消费者需要的品牌利益点。

品牌定位的策划,就是要站在消费者的角度上看问题,了解消费者期望从品牌中获得什么样的价值。实际上,定位与品牌化是一体两面,假如品牌是消费者的认知，那么定位就是通过一定的手段将品牌提供给消费者的过程。

由于不同消费层次、不同消费类型的消费者，有不同的消费习惯及偏好，因此品牌定位要寻找适合竞争目标要求的目标消费者，根据市场细分中的特定细分市场，满足这些特定目标消费者的特定需要，找准市场空隙，对品牌定位进行细化。另外，消费者需求是不断变化的，企业要根据市场的发展趋势，引导目标消费者产生新的需求，形成新的品牌定位。实际上，品牌定位策划的重点，就是抓准目标消费者的心，唤起他们内心的需要。

【参考范文】

××啤酒品牌策划文案

1. 背景

××啤酒品牌在A产品的基础上推出了B产品，目前根据啤酒市场对A、B两种产品进行的市场定位，××啤酒市场潜力巨大，近10年销量增长速度很快。目前，中档啤酒市场品牌众多而分散，竞争激烈程度不及高档及低档市场。从长期发展趋势来看，中档啤酒在啤酒市场上成长最快，在这种趋势下，必须对××啤酒品牌进行重新定位。

2. 机会与问题分析

（1）机会。目前，国内啤酒市场空缺主要为中档啤酒，××啤酒企业发展健康、迅速，主要经营中高档啤酒，因此在中高档啤酒市场发展空间很大。另外，企业本身拥有××级技术中心和科研机构，在产品技术革新方面有足够实力进行产品创新，而且本企业生产的××啤酒具有环保、卫生、安全等优势，有能力改变传统生产模式。

（2）问题分析。目前，企业存在的问题是品牌包装更换太过频繁，不够统一，无法给消费者稳定、持久的品牌形象；在宣传方面，广告覆盖率不够广，除本地区外，市场知名度不高。由于宣传方式陈旧、被动，接触到的消费者群体有限，新品牌B创新不够，在一定程度上形成了与A品牌的竞争关系，不利于品牌建设及企业的良性发展。

3. 目标市场分析

（1）目标市场潜力评估。目前，国内市场中高档啤酒市场份额较小，市场潜力很大。国外品牌从国内市场的撤离，也给发展中高档啤酒品牌的企业带来了契机。从消费者角度来看，随着人们消费水平的不断提高，人们对啤酒产品的要求也越来越高，发展中高档产品具备一定的潜力。

（2）目标市场销售渠道。啤酒产品作为一种日常饮品，销售渠道应该覆盖各大商场、超市、酒吧以及网络。另外，因为产品本身对包装和质量有要求，中间渠道不宜过多，否则会对产品造成很大损伤。在销售渠道建设方面，应该建立完善的销售网络，控制好"以价格为代价"的终端竞争。

（3）SWOT分析。

SWOT分析表

优势	劣势
拥有××级技术中心和×××科研工作站，拥有专业、自信、充满活力的创新团队。产地位于旅游区，原材料丰富	品牌的宣传力度、创新力度不够
机会	威胁
国际品牌竞争对手少，中高档产品消费市场发展潜力大	国内已有的××、××、×××等啤酒品牌已经占据了部分目标市场，地产地销的状态也让企业的进一步发展受到威胁

（4）SWOT品牌战略。

SWOT品牌战略表

增长型战略（SO）	××啤酒公司可以根据自身优势，保持现有经营领域，并继续全力以赴地在啤酒领域扩大品牌知名度，加大技术研发力度，开发新产品，并积极拓展国内和海外市场
多元化战略（ST）	××啤酒品牌要利用自己的技术和科研优势，保持品牌的高质量，并利用自身融资能力及品牌优势，实现多元经营管理
扭转型战略（WO）	加大品牌宣传力度，抢占中高档市场，积极研发与市场内已有的××、××、×××等啤酒品牌不同特色的产品，以便更好地开拓市场
防御型战略（WT）	放弃现有经营领域，全力投入中高档啤酒市场中，打造知名品牌，争取占领国内的中高档市场

4. 市场细分

市场细分表

地区	性别	适用场所	购买场所	酒精含量
城市	男	聚会、婚庆、商务宴会	商场、酒吧	中浓度
	女		超市、网购	低浓度
农村	男	节庆、婚宴	小卖部	高浓度
	女		超市	低浓度

5. 目标市场选择

对市场进行再细分、再定位，走品牌差异化道路是许多中小啤酒企业选择的方向。××保健啤酒凭借独特的特点，牢牢占据啤酒市场细分的一部分，是中小啤酒企业特色化经营的典型。低度啤酒、女士啤酒、水果啤酒、牛奶啤酒等风味啤酒市场，仍需进一步开发。作为中小啤酒企业，当务之急在于找到大企业没有发现或没有进入，但并非没有前途和利润的细分市场，并以此作为品牌经营的目标市场。

有关啤酒的城市市场特点总结起来，有以下几点。

（1）人口密度大，消费者集中。

（2）消费水平差异性强，消费需求多样化，市场机会多。

（3）中高档啤酒市场发展快，前景广阔。

（4）强势竞争对手多，市场竞争激烈。

××啤酒属于中高档品牌，因此应该将重点定位于城市。

6. 品牌定位策略

（1）消费者。啤酒产品主要消费群体的家庭收入为3 000元以上，年龄在20～45岁左右，男性居多，消费特点为享受生活，注重生活品质，经常跟朋友、家人聚会或者有一定频次的应酬。此类消费者不仅重视产品的品质，更加注重啤酒品牌的文化氛围。我国酒文化源远流长，平时聚会喝酒，注重的是情感沟通，因此××啤酒品牌定位，不能随主流去追求时尚，一时的热度不能保持品牌的活力。相反，××啤酒应该将品牌文化定位于真情，让真情成为××啤酒的品牌文化。

（2）品牌竞争。对××啤酒品牌重新定位非常重要。目前，啤酒市场在不断地增大，各种品牌的啤酒都在争夺市场，××啤酒企业给产品一个新的品牌定位，更有利于企业争夺市场份额。目前，企业产品样式太多，不利于给消费者留下深刻印象，对品牌进行重新定位也就十分必要了。

（3）品牌营销。从营销角度来看，对品牌进行重新定位会更有利于产品销售，具体策略涉及产品外观包装的统一及扩大广告覆盖范围。

（4）品牌描述。针对目标市场和目标消费群体，在品牌宣传手段上要给消费者高品质的感受，在一定程度上向消费者表明，企业品牌的定位就是中高档产品。

7. 总结

通过对××啤酒产品的市场分析，对××啤酒品牌进行新的定位，进而提高产品销量和市场占有率，弥补中高档啤酒市场空缺，满足消费者的需求，让××啤酒企业在中高档市场上有一个好的发展前景，这对××啤酒企业发展及品牌战略的实施有重要意义。

> **要点提示** ▶▶
>
> 对一个企业而言，品牌定位是最核心的，一旦确定就不能受外界环境影响而轻易改变。许多企业在非常时期做出了关于品牌定位的致命调整，这是不可取的。定位改变就意味着消费者的消费认知及对品牌的信任度发生改变，因此企业对品牌定位的策划一定要慎重。

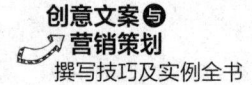

品牌推广策划文案

喜欢跟风是人类的通病,企业也是这样。有些企业认为行业巨头的品牌推广策略不错,于是自己也照搬过来,梦想自己也能成为行业巨头,结果却是竹篮打水一场空。因此,品牌推广策划不能完全照搬他人的策略,一定要围绕自身品牌的核心价值展开。

导入期、成长期、全盛期和衰落期是品牌发展的4个阶段,把握好这4个阶段,对企业品牌的推广策划有很多现实意义。品牌推广必须要以自身品牌的核心价值为主体,并围绕这个主体展开营销传播活动,也就是,任何一次营销活动,如产品研发、包装设计、广告、促销等,都要演绎出品牌的核心价值。这样消费者才能在任何一次接触品牌时,都能感受到品牌的统一形象,加深对品牌的记忆。

【写作要领】

品牌推广主要有3个阶段,即品牌宽度推广阶段、品牌深度推广阶段及品牌维护阶段。品牌宽度推广是品牌推广过程中的基础,也就是建立品牌知名度;品牌深度推广主要是提高品牌美誉度,提高品牌忠诚度;品牌维护主要是保持品牌生命活力,保持品牌的市场竞争力。

1. 品牌宽度推广

（1）目的：建立品牌知名度。

（2）策略：强势打造，强制灌输式。

（3）方法：广告宣传，活动及事件营销。

品牌宽度推广阶段，主要是通过一些传统的推广手段宣传、传播品牌，让目标消费者了解、知晓品牌基本内涵，属于和消费者的初级沟通。

2. 品牌深度推广

（1）宗旨：让品牌深入人心。

（2）目的：提升品牌美誉度及忠诚度，提高品牌销售力。

（3）方法：建立品牌文化，与消费者深度互动；完善员工管理，实行员工互动；丰富品牌文化，建立品牌与消费者之间的情感因素。

（4）操作：以品牌文化为宗旨，创造能打动目标消费者、并能得到消费者认同的品牌故事等，使品牌文化生动、形象。

3. 品牌维护

（1）宗旨：维护品牌高度。

（2）策略：宽度推广与深度推广相结合。

相关数据统计显示，国外推广一个知名品牌是3～5年，品牌达到一定高度后，每年需要继续投入一定资金进行品牌维护。只有做好品牌维护工作，品牌才能永葆生命力和市场竞争力。

【参考范文】

××保健食品品牌推广策划文案

20××年，本公司保健食品销售额达××××万元，在保健食品领域逐步形成了良好的品牌口碑。然而，公司想要实现现代化转型，继续保持销量快速增长及健康、稳步发展,就需要进行品牌策划与推广,利用现有市场优势,进行品牌战略规划、品牌传播,提高公司品牌知名度与销量。基于上述发展需要,在深入市场调研的基础上,对公司的品牌定位、品牌建设、品牌发展策略等,做出如下分析与规划。

1. 行业现状分析

经过对保健食品市场的调研分析,目前行业现状可归纳为以下3点。

(1)保健食品行业发展多年,目前市场上已有多家全国性品牌,产品品类繁多,竞争日益激烈,保健食品逐渐被消费者认同及普遍接受。

(2)保健食品行业受到食品及保健品的双重冲击,市场份额有所减少,而且正受到其他保健品行业品牌多元化经营的入侵。

(3)保健食品行业发展无序,区域性品牌较多,低价、伪劣产品较多。

2. SWOT分析

SWOT分析表

优势	弱势
1.本产品品质高,口感好 2.营销框架丰满,对销售终端掌控力强,在部分市场上已经占领较大份额 3.品牌有了较高知名度	1.管理粗放,比较不规范,存在效率低、重复无序工作等情况,人、财、物等方面都存在浪费现象 2.分公司销售力、策划力比较薄弱 3.产品缺乏创新,没有适应市场需求的新产品
机会	威胁
1.行业呈上升趋势,公司管理逐步走向正轨 2.保健食品逐渐被消费者接受,尤其是老年人越来越关注自身的健康 3.商场、超市等销售终端掌控能力强,有利于面对将来的竞争	1.本行业已经逐渐出现领军产品 2.更多的产品加入,使竞争更加激烈 3.在食品与保健品的夹缝中生存,消费者的消费习惯还有待于进一步培养

3. 品牌定位与发展目标

（1）品牌定位。通过品牌推广，将××品牌保健食品打造成"中老年保健营养食品的卓越代表"，使其成为"中老年保健营养食品的领导者"。

（2）目标消费者定位。中老年多为使用者、消费者，中青年多为购买者。

（3）目标规划。首先从长远目标来看，3年内成长为中老年保健营养食品行业的第一品牌，拥有较高的品牌知名度、美誉度及消费者满意度；其次，本年度要达到一定知名度、美誉度，为实现年度销售目标提供支持。

（4）发展方向。首先，通过各种宣传形式提高品牌知名度；其次，结合品牌传播与促销推广，促进销售目标的实现；再次，实施概念营销，倡导健康的生活理念。

4. 品牌推广策略

想要实现品牌推广与发展的目标，就要从市场、销售、产品、财务、媒体等各方面入手，全方位打造××品牌保健食品的品牌形象，具体措施整理如下。

（1）市场。

A. 针对强势市场，以保持并扩大竞争力为目标，资金投入40%。

B. 针对竞争市场，维持竞争力，以向强势市场转化为目标，资金投入50%。

C. 针对弱势市场，用低成本形式推广和维系品牌，投入比例为10%。

（2）销售。

A. 淡季时可以进行适当品牌维系。

B. 旺季时可以增强推广力。

（3）产品。

A. 销量超过60%的产品为主打产品，加大广告宣传力度。

B. 销量超过30％的产品为次品牌支持。

C. 其他做品牌开发支持。

（4）媒体。

A. 电视广告：首选××电视台，塑造产品的××性品牌领导地位，同时考虑户外广告及重点突破市场的电视媒体品牌强化宣传。

B. 广播广告：选择有影响力的广播电台，有效覆盖目标消费群。

C. 互联网广告：通过互联网、移动互联网的知名网络平台，建立互联网品牌推广体系。

5. 年度品牌传播规划

（1）年度品牌传播工作安排。

年度品牌传播工作安排表

工作项目	目的及实施说明	时间安排
媒体宣传	1.电视广告：以××电视台为主，××电视台为辅，塑造××保健食品全国领导品牌地位。 2.电台广告：将电台广告作为品牌传播的高空支持。 3.网络广告：以各大知名网站为主，将品牌信息有效推向全国	20××年××月— 20××年××月
终端品牌建设	以商超氛围生动化为主，展开直观宣传、促销活动	20××年××月— 20××年××月
健康俱乐部运作	贯彻全年的品牌运作，保持品牌延续，构建品牌与目标消费者互动、沟通渠道，赢得消费者信任	20××年××月— 20××年××月

（2）资金投入预算。（略）

第七章 企业品牌策划文案

要点提示 ▶▶

品牌推广策划的核心就是，找准消费者和品牌情感切入点，与消费者进行心灵对话，达成共鸣，从而达到品牌推广的目的，有效降低推广费用。从消费者需求、动机、消费态度等方面入手，捕捉、定位、剖析消费者情感因素，就不难做出一份优秀的品牌推广策划案。

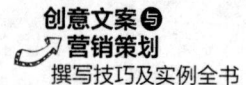

品牌塑造策划文案

品牌塑造策划主要从品牌文化塑造入手,策划案要符合产品特征,比如需要考虑产品在什么样的环境下使用会给消费者带来什么样的利益等。只有充分考察消费者的消费习惯、消费心理及行为方式等,才能成功塑造一个品牌形象。

品牌塑造指的是给品牌以某种定位,并为此付诸行动的过程,品牌塑造也是一个长期而系统的工程。因此,品牌塑造策划文案的撰写并没有固定的格式。但是,品牌知名度、美誉度和忠诚度都是品牌塑造策划文案需要考虑的核心内容,目的是通过建立品牌优势刺激和吸引消费者的购买行为。

【写作要领】

品牌塑造策划文案的撰写,需要从影响品牌的众多元素及消费情况入手,结合品牌标准化体系过程,构建一个循序渐进的品牌塑造过程。一个企业的品牌塑造,需要注意以下几个关键点。

1. 高品质。产品质量的优劣直接关系到企业的生死。高品质是战胜竞争对手的强有力的手段,也是竞争对手难以模仿的竞争利器。品牌塑造策划，首先要考虑的就是烘托产品质量，产品质量也是品牌的核心竞争力，更容易赢得消费者的信任。

2. 独特性。知名品牌几乎成为高质量产品的代名词，但每种品牌都有自身独特的个性，这也是成就知名品牌的原因所在。因此，品牌塑造策划需要赋予产品独特的个性，这也将成为企业品牌的核心竞争力。

3. 领域性。许多知名品牌成名的法宝都是立足某个市场领域，并永葆在这个领域内的领先地位。例如，"可口可乐"品牌有独特的文化底蕴，品牌价值居高不下；无人可以撼动"老干妈"品牌在辣酱市场的领导者地位。

4. 营销力。品牌塑造的目的是促进产品销售，因此在品牌塑造过程中，比拼的依然是整体营销能力，这也是一种最原始、最直接的竞争方式，并且是一个此消彼长的过程。所以，品牌塑造策划，绝对不能脱离营销这条轨道，一旦"出轨"就是"车毁人亡"。

5. 文化性。每个产品都有自己的生命周期，只有文化才是永恒的。知名品牌都有一个共同的特性，那就是在品牌塑造策划过程中，赋予产品永恒的文化内涵，以使其品牌生生不息。因此，赋予产品特殊的文化内涵，也是品牌塑造策划不可忽视的重中之重。

【参考范文】

×××巧克力品牌塑造文案

1. ×××巧克力品牌定位

（1）产品利益点推演。

A. 产品利益点：产品可以做到什么？×××巧克力可以满足消费者自身需求及作为礼品使用。

B. 消费者利益：×××巧克力可以为消费者带来哪些实质性好处？巧克力可以缓解情绪，对集中注意力、加强记忆力及提高智力，都能起到正面作用，还有防治心血管循环疾病的效果，对延缓衰老也有一定功效。

C. 感性利益：×××巧克力可以给消费者带来愉悦、甜蜜的感觉。

D. 品质利益：购买×××巧克力让消费者认为自己属于某类型的人，×××巧克力源自××，××是一个时尚、发达、对质量高要求的地区，购买×××巧克力让消费者觉得自己品位提升、有面子，优越感倍增。

（2）品牌差异化。

A. 制作工艺：××年的×××传统巧克力溶柔制作工艺。

B. 原料差异：甄选××原材料，符合××标准。

C. 包装差异：产品包装风格丰富，有满足礼品功能的精美礼盒装，也有满足自用功能的简约包装，还有满足随时携带功能的便携装。包装策略可以满足不同场合的不同需求。

D. 档次差异：产品价格定位在中高端。

E. 诉求差异：高端、体面、有品位。

F. 产地差异：××生产，原装进口。

G. 品类差异：×××多个SKU（库存量单位），涵盖巧克力、糖果、饼干等产品。

2. ×××巧克力品牌核心

××、高端、产品SKU众多。

3. ×××巧克力目标群体

×××巧克力作为高端品牌，目标销售群体定位于高端消费人群，此类目标群体的特征如下。

（1）年轻。在××国家，奢侈品市场主导者多为40~70岁年龄段消费群体，而在我国奢侈品主导者年龄段主要集中在25~50岁，地域主要集中于××市、××市及沿海城市。

（2）女性。高端消费人群中，女性消费者比例约为××.×%，占据奢侈品消费的主导地位。

（3）企业管理层。通常此类消费者收入较高，商务活动频繁，是奢侈品消费的重要人群。

（4）信息获取渠道。目前，电视依然是消费者获取信息的主要渠道，在不同广告认可度方面，电视广告依然排名第一，手机媒体广告认可度最低。

4. 品牌二次改造

（1）×××巧克力包裹内容。

×××巧克力包裹内容表

包含内容	附带品	买家影响
包装盒（产品Logo）	售后保障卡	产品认知
包装胶带（产品Logo）	店铺优惠券	品牌意识
保护商品（填充物）	宣传册	售后保障
订单明细（发货清单及产品本身）	会员招募卡	重视程度

（2）礼品建议。×××巧克力将消费者人群定位于高收入消费者，因此礼品的方向应该定位为××、商务、实用、高端。

> **要点提示** ▶▶
>
> 品牌塑造就像人一样，没有个性难以给人留下深刻印象，与众不同才是个性的特征，因此独特的品牌个性是形成品牌印象的关键。因此，品牌塑造策划需要在塑造品牌差异上下功夫，在与众不同上做文章。需要注意的是，这个独特的个性必须与产品特点相符合，也必须为目标受众所喜爱，同时还必须满足目标受众的需求。

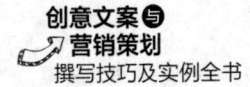

新品上市策划文案

面对当今激烈的市场竞争，许多企业为了占领市场份额，增强市场活力，企图用持续开发新产品带动销售，结果却是产品结构混乱，品牌提升慢，打乱了整体市场的销售布局。推出新产品没错，但为什么正确的策略却会造成错误的结果呢？

新产品上市不能随意，因为任何产品都要有消费者需求这个支撑点，如果新产品不能满足消费者某项需求，又没有区别于竞争对手的特点，那么这个新产品就很难在市场上生存。因此，在新产品上市之前，做好市场调研工作，对产品做周密的策划就显得非常重要。

【写作要领】

新产品上市策划文案撰写需要对企业成立时间、新产品品种、产品规格、品牌知名度、行业内竞争状况、产品目标销售群体、销售网络等情况做全面、综合的分析与判断。其撰写要点主要由以下模块组成：

①背景分析；

②推广目的；

③产品定位；

④产品远景；

⑤产权保护；

⑥目标销售群体定位；

⑦价格组合策略；

⑧渠道建设策略；

⑨市场促销策略；

⑩服务策略；

⑪费用预算及推广效果测评。

【参考范文】

××女性手机新品上市策划文案

××女性手机开创了手机市场新纪元，定位独特。但是目前从××市场的表现上看，品牌知名度和美誉度并没有像市场定位那样成功，产品的自身竞争力有待提高。本策划文案的撰写，是为推出××女性手机新产品进行策划，强化××手机品牌在市场上的占有率及品牌知名度。

1. 背景分析

××女性手机是××市××××公司知名手机品牌，"勇敢，让未知更美"是××手机品牌的文化精神，鼓励女性在人生的道路上鼓起勇气，勇敢地迈出第一步，体验那些从未尝试过的新鲜事物。××手机品牌用心演绎以高科技为载体的女性关爱，目标是成为女性手机品牌的领导者。

（1）成立时间：20××年。

（2）产品品种：（省略）。

（3）产品规格：（省略）。

（4）销售渠道：各大城市电脑专柜、天猫商城、京东商城等。

（5）竞争对手：各大智能手机品牌。

2. 推广目的

通过对××手机新产品的推广，进一步加强人们对××品牌的认识，潜移默化地改变消费者对××产品的印象及态度，培养更多××品牌手机的忠诚消费者群体，让逐渐被人们淡忘的品牌再次掀起一次狂热。

3. 产品定位

××手机产品定位于中高端产品，消费人群定位于女性。××手机从女性角度出发，专门为女性设计，打出专业女性手机的旗号。××品牌推出的系列女性手机，针对女性的喜好及习惯，在外观和内置功能方面，都进行了针对性设计，外形时尚、柔美，内置女性专属软件，比普通手机更契合女性的切实需求。

4. 产品远景

（1）产品导入期：××手机新产品首先投放电视广告以提升产品知名度。××品牌在××电视台及××电视台投入巨额的广告，在手机营销方面做到精准营销，同时在官网及行业媒体上发布新产品上市信息，提高消费者对××手机新产品的认知度。

（2）产品切入期：召集××手机全国的代理商及零售商、相关媒体，开展新产品上市发布会，借此将新产品推向市场，并在各大网点及实体店销售，同时在此时期做相应的促销活动。

（3）产品成长期：××手机在此期间逐渐被人们接受，销量会与日俱增，此时要加强产品的生产力度以及降低生产成本，让利润最大化。

（4）产品成熟期：此阶段产品销量达到高峰，产品品牌及价格也已经被人们完全接受，这时××手机的品牌形象及知名度也得到提升，公司得到高额利润的回报。与此同时，公司也会推出全新产品，进一步巩固××手机的市场竞争力。

5. 产权保护

××手机品牌所有产品从一开始，就完全拥有自主知识产权，这种产权保护策略是政府采取各种措施都要加强保护的产权，因此××品牌要利用法律手段保护自己的知识产权、生产权、技术产权。

6. 消费群定位

（1）主要目标群体：15～35岁的大中院校女学生及社会白领女性，她们喜欢潮流、时尚，追求精致品位，在消费时追求知识性，以彰显知识女性的风采。此类消费者热衷新鲜事物，消费时追求时尚性、潮流化，个性需求强烈，消费以情绪为主导，冲动性购买多于计划性购买。

（2）辅助目标群体：其他女性群体。

7. 价格组合策略

（1）采用专卖、加盟的方式，保持直接用户价格统一，利于品牌建设。

（2）保证经销商的利润，吸引更多经销商加入，加快市场拓展速度。

（3）产品价格介于目标市场上小品牌与大品牌之间。

8. 渠道策略

（1）建有××手机官网。

（2）网上渠道，如××手机天猫旗舰店、××手机京东旗舰店等。

（3）生产定制机，放到相应渠道销售。

9. 促销策略

（1）创意促销，采取能够引起关注的创意活动。

（2）事件营销，赞助有重大影响的活动。

（3）在隆重的节假日推出该产品，提高品牌知名度。

10. 服务策略

（1）开通服务热线，妥善处理客户投诉。

（2）设计产品保修卡，建立客户档案。

（3）询问客户建议，提高品牌美誉度，增强消费者忠诚度。

（4）做好售前及售中服务工作，提高成交率。

11. 费用预算

费用预算表

广告投放费	活动经费	促销费	奖品费
××万元	××万元	××万元	×万元

12. 推广的组织分工及进度

（1）招商部：负责招商方案的制订及招商活动的执行。

（2）市场部：负责市场调研、营销策划及广告管理等。

（3）销售部：负责产品的销售、产品信息及消费者意见反馈收集。

（4）物流部：负责零配件采购及产品配送。

（5）客服部：负责消费者关于产品技术方面的咨询及产品售后服务工作。

（6）工作进度。

工作进度表

产品上市前的准备及市场调研	×月××日—×月××日
选择当地报纸、杂志、网站等媒体进行宣传	×月××日—×月××日
向部分受众馈赠礼品，并做适当报道	×月××日—×月××日
针对终端销售开展促销活动	×月××日—×月××日

13. 推广效果测评

通过对××手机品牌新产品的成功推广，将达到以下效果。

（1）××手机品牌的产品形象得到大幅度提升，提高品牌知名度。

（2）优化产品结构，在刺激通路积极性的同时，优化当前销售网络。

（3）通过前期产品的推广，为下一步成功推广××手机品牌的其他产品打下坚实的市场基础，开辟属于自己的销售模式。

> **要点提示**
>
> 以营销为导向的新产品上市策划，需要注意以下几点。
>
> 1. 新产品主要功能要与目标受众需求相对应，要满足目标受众的需求。
>
> 2. 新产品广告宣传与包装形式要与新产品特点相适应，与目标受众心理需求相对应。
>
> 3. 重视产品附加值，在符合目标受众潜在感情需求的前提下，做好服务方面的策划。
>
> 4. 新产品推广及销售渠道立体化。

谋定而后动,方能摧城拔寨

俗话说"商场如战场",企业为了提高产品知名度,不得不为品牌策划费尽心思。面对日益激烈的竞争环境,品牌策划成功与否,决定了一个企业未来长久的收益,甚至决定一个企业的兴衰存亡。从客观出发,知己知彼,谋定而后动,品牌的力量方能为企业摧城拔寨。

品牌的策划与推广,需要针对具体产品、具体市场、目标受众等情况,采取适合企业发展模式、适合目标消费群体需求、灵活多变的方式,充分考虑消费者反馈信息及需求,甚至是未来需求,从而做出具有前瞻性、创造性的品牌策划。

品牌策划的思路分析

1. 品牌策划思想战略。品牌战略具有长期性、整体性、前瞻性等特点,这就要求企业必须树立正确的品牌意识。由于品牌可以为企业带来极高附加值和利润,因而品牌战略应该纳入企业的整体战略中,品牌战略只有与企业整体战略相结合,才能发挥整体效应。例如,目前,世界上许多知名品牌都已经延续了百年,甚至更久,而我国许多品牌却是出现得快,消失得更快。这与企业缺乏品牌思想战略不无关系。

2. 品牌名称思路战略。品牌名称的确定需要掌握两个基本要素，即名称定位与商标等位。

（1）名称定位。有关品牌的名称定位技巧很多，但企业品牌名称一定要遵循"一眼望穿"效应，最大限度提高消费者的"直接联想力"，达到让消费者能够在几秒钟内明白品牌含义的效果。而这也是品牌策划成功的关键，要做到这一点，必须对历史、文化、风俗、习惯、民族心理及现代意识有全面的了解和把握。

（2）商标定位。一个品牌，除了名称定位外，还需要对商标进行定为，尤其是对新企业的新产品而言，做好商标设计是首要问题，并且要做好商标投资预算。商标投资主要指新商标的开发经费、商标的设计费、注册费、宣传费及设计和使用新包装的材料费，等等。发展国际商标，还需要研究各国政府及商标国际组织的相关规定、商标所指的市场情况等，也要掌握各国消费者的不同消费心理。

以营销为导向，塑造品牌形象

品牌策划最重要的就是用营销手段塑造品牌形象，品牌形象塑造得越出色，品牌策划就会越成功。通常，品牌形象塑造有"一个模式"和"三条途径"。一个模式为"整合品牌营销"模式；三条途径指的是"品牌形象识别系统""品牌推广运营系统"及"品牌管理控制系统"。

按照上面的模式，品牌形象就会很快树立起来。当然，这个模式只适合大规模企业使用，中小企业应该注重地域特色化，运用一些具体的方法。品牌形象不是孤立存在的，而是由许多其他形象罗织起来并共同创建的，这些形象包括品质形象、价格形象、通路形象、广告形象、促销形象及顾客形象。

1. 品质形象。品质形象是品牌形象的基础，品质形象的建立不只是提高产品质量这么简单，关键是怎样建立起"良好品质"这个印象。这一点从产品一开始就要做到，而且十分重要，良好的开始意味着成功了一半。"酒香不怕巷子深"，在品质形象塑造方面，光凭产品质量是无法做到的，不仅要让消费者"用了就说好"，还要让消费者"看了就说好"，这样才能打造良好的品质形象。

2. 价格形象。品质形象与品牌形象是价格形象的基础，虽然说"价格高就是形象好"有失公允，但那些用成本定价的企业太过保守，也不利于品牌形象的打造。因此，采用"品质/价格"和"品牌/价格"的定价模式更符合打造品牌形象的需要。

3. 通路形象。中间行销加终端行销才是一个完整的销售通路。中间行销是指批发销售，终端行销则指的是零售。而通路形象则必须建立在零售商的基础上，零售商的形象就是产品的通路形象。通路形象就好比一件名牌服装，放到专卖店中卖和挂在街边卖的区别。

4. 广告形象。想要塑造品牌就要做好广告，但做好广告不一定就能做好市场，也不一定能卖好产品。造成这种结果的原因之一，就是广告形象太差。影响广告形象的因素有2条可控制因素和1条不可控制因素。可控制因素中，一是媒体大小的选择，二是广告投入力度；不可控制因素指的就是广告质量，包括广告创意及制作水平。

5. 促销形象。促销是有效进行市场推广的重要手段，但它也是一柄双刃剑。品牌在塑造过程中，需要经常做一些促销活动，因此策划人员就必须仔细考虑，哪些方法有助于品牌塑造，哪些方法有可能损害品牌形象。例如"打折销售""大甩卖"等方式，就等于将品牌彻底踩入泥潭。但有些事情却不尽然，有时候"狠狠降一回价"也可能引起一波市场革命，但必须以提高市场占有率为结果。

6. 顾客形象。所谓顾客形象，就是产品不再为大众服务，而是满足一部分特定群体的需求，于是就产生"顾客形象"，如坐"奔驰"车的人、穿"皮尔卡丹"的人、常喝"茅台"的人，等等。营造顾客形象，最有效的方法就是动用价格杠杆,将消费人群区分开来,品牌的形象也就提升了。

品牌建设的五个环节

1. 了解自己。企业在品牌建立之前,必须深入了解自己的竞争对手是谁?能为消费者带来什么价值?解决消费者什么问题?自己的品牌定位于哪个领域?优势和劣势在哪里?企业在建立品牌前,必须对自身进行详细的评估,这样才能给品牌定位及品牌战略的实施提供正确的导向。

2. 了解市场。品牌建设单从传播层面考虑和评估是不客观的,必须充分了解行业特色、商业环境、消费者认知等因素,站在消费者的角度思考问题,才能给品牌以准确的市场定位。

3. 品牌设计。品牌设计包括品牌名称、品牌说明、品牌口号、品牌表述及品牌故事五个基本组成部分,它们相互独立,又密不可分。作为品牌的一个整体,这5大部分也将是品牌建设成功与否的关键。

4. 传播方式。品牌建立后,应该怎样让消费者了解并接受,这就涉及企业如何传播品牌的问题。也只有以此为目的,才能根据品牌定位将核心价值带给消费者,才能通过合适的方式将核心利益准确无误地传递给目标受众。

5. 品牌承诺。品牌承诺是品牌承载的精神与文化,也是品牌给消费者许下的承诺。这个承诺既是产品承诺,又高于产品承诺。换而言之,就是企业通过宣传,产品能为消费者带来什么样的感受,解决什么问题,消费者在使用后能够享受这些承诺,并产生情感共鸣。例如,有些手机品牌在宣传过程中,突出拍照功能,如果消费者买到产品后发现拍照效果非常差,那么无论手机的其他功能好与坏,消费者都会对这个品牌产生抵触。

【实战测试】

低碳生活、低碳消费等概念如今已经被人们广泛接受，低碳经济也是当今的热门话题。而化妆品制造行业，本就是一个"雷区"，在低碳营销的风口上，化妆品的企业实践与全球化消费趋势能否相结合，打出"低碳"品牌的化妆品营销之路？如果让你为国内某品牌知名化妆品撰写一个低碳品牌营销策划，你会怎么做？

要点提示 ▶▶

品牌策划并非是一个无中生有的过程，而是通过科学的方法使人们对品牌的模糊认识清晰化。品牌策划要更加注重意识形态及心理描述，也就是对消费者心理市场进行规划、引导和激发。

第八章
营销战略策划文案

许多人认为，市场营销的根本就是使潜在客户认为他们的产品或服务更好。比如，电视娱乐节目《缘来非诚勿扰》凭借优秀的策划团队取得空前成功，随后，一些节目纷纷跟风，结果没有哪个取得成功。这样的例子比比皆是，如果你进入市场迟了一步，不得不与阵容强大的对手作战，那么，你的营销战略很可能就错了。

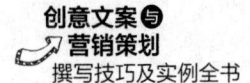

营销战略分析报告

现代营销战略包括战略目标、战略思想、战略行动、战略重点、战略阶段，等等，是企业在综合考虑外部市场机会及内部资源等诸多因素的基础上，确定目标市场，选择相应市场营销策略组合，并予以有效实施及掌控的过程。

营销战略能够为企业确定长远发展目标，并指出实现这个长远目标的策略及途径。目标必须与企业宗旨相吻合，而战略则是一种思想、一种思维方式、一种分析工具、一种整体的计划规划，关系到企业未来的发展方向。因此营销战略的制定，是一个相互作用的过程，一个创造与反复的过程。

【写作要领】

1. 外部环境发展趋势会给企业带来新的发展契机，也可能会给企业带来麻烦，例如新法律、新政策等，因此，掌握环境发展趋势是制定营销战略的重要前提。

2. 深入分析并有效利用潜在机会，营销战略的制定必须以新产品开发、现有产品改进、发现产品问题、吸引竞争对手的顾客、开发细分市场等为根本目的。

3. 着眼于广阔市场，适应市场变化，运用同样数量、同样类型的资源完成新战略目标。

4. 避免与声誉较高的知名品牌展开正面竞争，避免一味模仿而没有创新，重在加强企业在市场上的地位，增加企业品牌的竞争能力。

5. 不但要明确目标和发展方向，而且要制定为达到目标而采取的具体措施与规划。

6. 创造顾客，获取和维持顾客是营销战略的第一要务。

7. 只有注重市场调研，收集并分析大量信息，才能保证在市场变化不确定的情况下，帮助企业管理层做出正确决策。

【参考范文】

关于××旅游景区市场营销战略分析

随着人们生活水平的不断提高，旅游成为人们生活中不可或缺的一种生活方式。快节奏生活使得人们渴望旅游，渴望追逐大自然的脚步，缓解生活中的各种压力，消除烦恼。为了适应当前经济发展及人们新的生活观念，满足消费者的需求，增加旅游景区的经济效益，就要做好市场营销战略分析，为企业的发展打下良好基础。

1. 市场营销环境分析

（1）市场营销微观环境。首先，××企业多年的经营累积了许多宝贵经验，部门结构完整，人员配备合理，销售工作出色，整体属于良性发展态势；其次，目前旅游行业发展迅速，竞争对手都很强劲，想要在竞争中胜出，就要加强部门管理，制定符合自身的发展战略。

（2）市场营销宏观环境。

A. ××企业位于我国东部人口密集城市，流动人口数量也相当大，这对旅游景区而言，市场潜力非常大，××企业可适当扩大市场规模，增加市场占有率。

B. 当地医疗保障健全，生活水平稳步提高，人口寿命逐渐延长，老年人口较多。另外，人们生活观念发生了改变，年轻人也成为旅游消费的主力军。

C. 当地经济较为发达，人均收入较高，人们可自由支配的收入相对较多，所以他们有能力去旅游，而且整体消费水平较高。

D. 国家政策的支持，给旅游发展带来了契机，××企业可以在政策的鼓励和帮助下，展开旅游营销活动。

2. 目标市场战略

（1）目标市场。

A. 市场细分。××企业服务的对象：既有高收入的人群，也有低收入的人群，既有老年人，又有青年人和孩子，但以中老年人及青年人居多。游客既有本地人，又有外地人。

B. 市场选择。××企业当前的营销战略是无差异化市场营销，经营模式及管理方式都很单一，没有特色和差异，游客满意度及对景区印象降低。经过市场细分，××企业的目标消费群体已经很明显了，××企业应该采取差异化市场营销，在产品设计、市场定价、营销渠道等方面做出改变，实行差异化营销，满足游客的特殊需求。

（2）市场定位。

A. 市场定位步骤。市场定位要遵循价格竞争优势、偏好竞争优势两个基本原则。××旅游景区是国家4A级风景旅游区，很难具备价格方面的竞争优势，但是，相对较高的门票价格会让消费者更认可景区的价值。综上所述，××企业市场定位方向不应该是低廉的价格。游客旅游，追求的是一种不同的体验，对××景区来说，海拔×××米的山峰、全长×××米的栈道、犹如仙境的云海等，正是游客们所追求的。

B. 市场定位依据。市场定位依据包括产品属性、顾客利益、价格、质量、用途、使用者，等等。××景区山势雄伟壮阔，景色神奇变换，具有美丽的自然风光。

综上所述，××景区市场定位应该是"夏天的避暑胜地，冬天的滑雪天堂"。

3. 品牌策略

品牌是卖者对交付给买者的产品特征、利益和服务的一贯性承诺，也是企业营销策略的重要组成部分。

（1）品牌策略选择。

A. ××企业应该创建自己的产品品牌，根据景区特征，品牌可以为"×××"。

B. ××企业应该使自己的品牌与中间商品牌混合，既可以增加景区知名度，又可以降低景区管理成本。

（2）品牌扩展策略。

A. 新品牌策略。根据××企业发展现状，企业经营范围过于固定，应该适应现代社会发展形势，制定新的经营模式，开发产品，并赋予其特色。

B. 合作品牌策略。××企业为了长久发展与壮大，可以考虑与一些知名品牌合作，开发新营销组合，增加市场份额，争取双赢。

4. 价格策略

（1）影响定价的因素。

A. 市场需求。××景区在门票定价方面，需要充分考虑各种游客群体的收入情况，保证各收入阶层人群都会考虑来这里游玩。

B. 竞争者的产品及价格。××景区邻近有很多不错的旅游景区，××景区想要扩大市场份额，可以根据竞争者的情况而采取措施，推出一定的优惠活动，增加游客数量。

（2）定价策略。

A. 折扣与折让定价策略。××景区应及时发现市场的变化，及时调整价格策略，如旅游淡季时门票降价，旅游旺季时门票涨价，特殊节假日推出各种优惠活动吸引游客消费等。目前，××景区恰恰缺乏这种模式。

B. 地区定价策略。为来自不同城市或地区的游客，制定不同门票套餐，满足这部分消费者的特殊需求。

5. 分销策略（简略）

××企业经营多年，已经占有相当大的市场份额，应该采取的市场分销渠道为："景区—旅行社—游客"。不同旅行社有不同的游客资源，因此要针对不同旅行社制定不同的营销策略。

6. 促销策略

（1）促销组合。××企业促销组合应该以景区特色为基础，突出景点如×××、×××、×××等，通过各种广告、海报及网络宣传，组成完整的促销链，能够根据市场变化随时调整促销重点，加强企业品牌在消费者心目中的形象。

（2）推销策略。对××景区而言，景区所在地的市场很大，并不需要开发新的市场，但好的市场推销人员是非常重要的，××企业要对推销人员进行培训，使其能更好地为景区服务。这就需要建立一套相应的激励和评估制度，提高员工工作的积极性。

7. 总结

对企业而言，任何未来都是一种挑战，在这个过程中不能存在侥幸心理。就××企业来看，不断发展才是硬道理，首先要加强景区的营销管理，不断开发旅游产品，根据市场发展的需要改变经营模式，为景区注入新的活力；其次，××企业要在继续完善基础设施建设的同时，制定适合自身发展的营销策略，并根据市场变动及时调整策略。

> **要点提示**
>
> 没有创新,任何的营销战略就都没有生命力。创新是企业营销战略的基础,也是企业营销战略的灵魂。比如,观念创新是先导,组织创新是保证,技术创新是核心,产品创新是关键,市场创新是归宿。

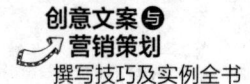

企业产品分析报告

在目前竞争白热化的市场条件下，你的产品怎样才能引起消费者的关注？你的产品凭什么能够击败竞争对手？企业的产品要想适应市场竞争，在竞争中生存下来，并占有一席之地，就必须要有科学、合理的产品分析作支撑。

产品分析报告指的是经济活动分析报告中，按照分析对象的性质进行划分的一种形式，专门对产品产量、品种、质量3个方面进行分析，然后撰写而成的书面材料。产品分析可以对这3个方面做单项分析，也可以针对产量、质量、成本之间的因果关系进行系统分析。

【写作要领】

除了对产品参数进行分析外，产品分析报告的撰写还要利用比较分析法与同类产品进行对比分析。比较的重点不是指出什么相同、什么不同，而是指出为什么相同、为什么不同。对原因的解释才是分析报告撰写的重点。

比较维度的选择在比较研究时至关重要，例如在质量、价格、性能、外观、命名、采购链、工艺等方面与同类产品进行比较分析。如果选择的比较维度不合适，就很难得出准确的结论，甚至只是在重复别人的劳动。

差异性而非共同性才是比较分析的重点，只有对企业产品与竞争对手的知识掌握得越多、理解得越深，产品分析才会越透彻。

【参考范文】

××轿车产品分析报告

1. 产品基本参数

产品基本参数表

产品名称	××2.0L 豪华运动版	××2.4L 旗舰版	××2.4L 精英版	××2.0L 世博版
产地属性	国产	国产	国产	国产
级别属性	中型车	中型车	中型车	中型车
款型	20××	20××	20××	20××
排量	2.0L	2.4L	2.4L	2.0L
最高车速	232km/h	205km/h	205km/h	197km/h
0~100m 加速时间	7.7s	9.8s	9.8s	11.4s
综合参考油耗	9.6L	9L	9L	8.8L
保修政策	两年或$6×10^4$km	两年或$6×10^4$km	两年或$6×10^4$km	两年或$6×10^4$km
长/宽/高 (mm)	4 830/1 856/1 484	4 830/1 856/1 484	4 830/1 856/1 484	4 830/1 856/1 484
最大功率 (kW)	162	125	125	108

2. 产品质量分析

××是××轿车品牌旗下的产品之一，××轿车在海外被誉为××车中质量较好的车种。××地区的××轿车零件由世界的各大样板工厂提供，其中国内样板工厂采购量占40%以上，全球资源优化带来××的高质量。××轿车不仅在国外赢得赞誉，国内的消费者评价也较高，满意度也较好。

3. 产品价格分析

××低配轿车与同类车型相比，价格比竞争对手略低，在同级车中处于较低水平。而××轿车的两款3.0L车型，配置豪华、丰富，降价后与同级车价格基本持平，但性能方面要高于同级车平均水平，因此在市场上具有较强的竞争力。

4. 产品性能分析

舒适安静，是××与同档次轿车相比最大的优势。××车悬挂调效偏软，而××车系悬挂调效偏硬。安静是××品牌一贯的追求，在×国，××一直强调的目标就是要带来同级车中最安静的车厢，××的安静也成为××区别其他车型的最大特征。

××发动机采用与其他同价位车相比更耀眼的配备，大排量、低转速、高扭矩的特性，让××起步迅速、加速更快，高速平稳顺畅，运行缓冲空间大，其独有的60度稳定结构让发动机振动噪声降到最低，造就了这款车完美的静音效果。××产品因为注重安静舒适，采用大量隔音材料，因此车身重量大，加之V6发动机独有的平顺，使其在0~100km加速前期油门的响应相对迟钝，故加速性能还不能令消费者满意。

5. 产品外观和命名分析

××产品一脉相承了××品牌的豪华、气派、尊贵、高雅的外观，对目标消费者极具吸引力。而名字"××"也是轿车中文命名中少有的好名字，让人很容易联想到君临天下的威武形象，彰显了东方意境与中国文化内涵。

6. 其他方面分析

××车在零部件采购及供应链方面，在实施本土化的同时积极推动国内零部件行业的全球化进程，产品零部件完全由厂家在全球样板工厂采购，国产化率达到40%以上，保证了零部件的高品质。设计生产时，根据中国路况和油品特质对××车进行了充分改进，16万公里（千米）免费更换铂金火花塞、高密度新型凸轮轴。××产品，可靠、耐用而不娇柔。

> **要点提示** ▶▶
>
> 在分析报告中，要对产量、质量、成本进行因果平衡分析。事实上，产量高过一定限度后，质量就会降低；质量要求过高，成本就必然上升。因果平衡关系分析的目的，就是找出三者之间经济效益的最佳结合点。

竞争对手研究报告

俗话说知己知彼才能百战百胜,对企业而言,营销策划成功与否,关键就在于是否对自己的竞争对手足够了解。只有在了解竞争对手的情况后,拟定出针对性策略,通过创新的策略和有效的手段,才能将对手击败。

对竞争对手的分析工作是企业制定营销战略的重要依据。竞争对手研究报告的撰写,除了需要掌握一些常用的分析方法外,还要加强对竞争对手分析的针对性。对竞争对手的每一项分析都应该有针对性。许多从业人员在对竞争对手进行分析时,往往把掌握的竞争对手的信息全部罗列出来,然后就没了下文,这种分析报告对企业决策是没有任何意义的。

【写作要领】

常用的竞争对手分析框架主要有基于平衡计分卡的竞争对手分析框架和波特的竞争对手分析模型两种。平衡计分卡主要从学习与创新、内部业务流程、客户与市场、财务4个方面考察企业的绩效,这个方法的思想同样可以用来分析竞争对手;波特的竞争对手分析模型是波特在《竞争战略》一书中提出的对竞争对手分析的模型,主要从企业现行战略、未来目标、竞争实力及自我假设4个方面分析竞争对手的行为及反应模式。

实际写作过程中，对竞争对手的研究分析，需要注意以下几个重点。

1. 竞争对手市场占有率分析。市场占有率通常用企业销售量与市场总体容量的比例表示。

2. 竞争对手财务状况分析。主要包括竞争对手赢利能力分析、成长性分析及负债情况分析、成本分析，等等。

3. 竞争对手产能利用率分析。产能利用率是一个非常重要的指标，尤其对制造企业而言，直接关系着企业生产成本的高低。

4. 竞争对手创新能力分析。创新能力主要可以从推出新产品速度、科研经费占销售收入的百分比、销售渠道创新、管理创新等几个方面进行分析。

5. 竞争对手的领导能力分析。有的行业关注投资回报率，有的行业关注市场占有率，不同行业、不同企业都有不同的特点。行业所处阶段不同，关注点也会不同。企业要建立符合自身行业特点的竞争对手分析模型，不能一味模仿、照抄。

【参考范文】

××手机竞争对手分析报告

随着我国智能手机市场的快速发展，国内外手机制造商的竞争日趋白热化。通过对智能手机市场及竞争对手的分析，并在对某地区智能手机消费群体进行调查和分析的基础上，提出有针对性的建议。通过对智能手机市场及竞争对手从不同角度分析，为企业决策提供依据。

1. 调查对象

这次调查主要针对××地区、对本公司构成威胁的各个竞争对手进行分析，结合实际，主要对以下竞争对手进行调查和分析。

（1）××有限责任公司。经过调研分析，××有限责任公司主要有以下特征。

A. 信用等级。××有限责任公司有较高声誉。

B. 产品档次。××有限责任公司经营的是高档产品，可判断此公司主要针对的是高端消费群体。

C. 区域选择。××有限责任公司将××地区作为未来销售区域，与本公司相同。

D. 市场开拓。××有限责任公司市场开拓值为0.47，证明该公司还有发展潜力。

（2）××手机公司。经过调研分析，××手机公司主要有以下特征。

A. 信用等级。××手机公司信用等级为A，有较高声誉。

B. 产品档次。××手机公司经营的是低档产品，可判断此公司主要针对的是低端消费群体。

C. 区域选择。××手机公司将××、××地区作为要销售区域，由此也可以看出此公司在市场开拓方面的决心。

D. 市场开拓。××手机公司市场开拓值在××地区为0.24、在××地区为0.12，说明该公司市场前景极其广阔。

（3）×××有限责任公司。经过调研分析，×××有限责任公司主要有以下特征。

A. 信用等级。×××有限责任公司有较高声誉。

B. 产品档次。×××有限责任公司经营的是高档产品，可判断此公司主要针对的是高端消费群体。

C. 区域选择。该公司目前还没有选择明确的区域。

D. 市场开拓。该公司市场开拓值没有具体数字，说明该公司在当前情况下还不会对本公司构成威胁。

2. 问题分析

根据对竞争对手的调查研究，目前我们公司主要存在以下问题。

（1）产品档次。本公司定位过高，从公司长远利益来看，符合本公司长远发展，但从当前形势来看，进入市场比较困难。

（2）区域选择。本公司选择的区域范围太广，公司刚刚起步，没有充足的资金支持，后期容易出现资金链断裂。

（3）市场开拓。目前本公司实力相对较弱，与其他竞争对手相比，差距很大，因此要多注重市场的开发。

3. 相应策略

根据对竞争对手的调查分析，建议本公司采取以下应对策略。

（1）找准目标群体，对市场进行细分，为下一步市场开发提供依据。在产品档次上，要做出与目标受众相适应的选择。

（2）区域选择要适当，这对一个刚刚起步的公司而言非常重要。选准目标区域关系到企业日后的发展，这需要在科学分析的基础上，做出正确决策。

（3）本公司要坚持以诚信为本，合法经营，还应适应市场，提高信用等级，增强企业与品牌的美誉度。

> **要点提示** ▶▶
>
> 在撰写竞争对手分析报告时，必须明确对竞争对手分析的目的是什么，依据战略管理的观点，找出与竞争对手相比时，本企业的优势及劣势，竞争对手给本企业带来的威胁与机遇。另外，对竞争对手的信息也要有一个遴选的过程，并及时删除无用的信息，避免工作出现盲目性。

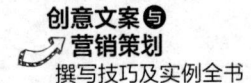

市场拓展分析报告

市场拓展，顾名思义就是开拓和扩展市场，其核心任务就是怎样将服务和产品市场扩大化。市场拓展分析报告通常指的是产品进入市场前，通过市场调研后对市场定位、产品定位、广告定位以及产品进军和占领市场具体步骤的具体描述。

市场拓展是在通过市场调查分析确定市场需求的基础上，根据市场需求进行产品定位和市场定位。只有明确了产品市场及产品目标受众，才能制定详细的市场推广策划方案，进而才能借助一系列营销手段，提升产品或服务的认知度和影响力，从而占领更大的市场份额。

【写作要领】

撰写产品市场拓展分析报告时，应该侧重市场推广的方向，而不是促销，市场定位、产品定位、广告定位等要准确，操作流程要简洁。将市场拓展分析报告写成促销文案是最常见的错误。通常，市场拓展分析文案主要包括以下内容：

①市场现状分析；

②销售渠道分析；

③SWOT分析；

④企业的目标；

⑤实施计划；

⑥损益分析。

【参考范文】

××二手书店市场拓展分析报告

根据对旧书摊、书报亭、网络等相关市场的调研发现，二手书市场具有很大的潜力。通过互联网获取的二手资料显示，二手书市场的开发机遇与风险并存。下面就针对调查结果，对二手书市场的拓展与商机，做出如下分析。

1. 问题分析

目前，××××学院在校大学生有1万人左右，每年每人所学课程为15～20门，如果每人每年不需要的书籍占总书籍数量的50%，则经过初步估算，每年将会有7.5万～10万本教科书变成二手书。

通过调研发现，目前本校二手书市场尚未真正形成，只存在个别交易或交换等情况，大多数都是按斤卖给收购旧书籍的人。从卖方角度看，二手书单位成本基本为零，但会产生大量时间成本，尤其是大四学生，即将面临毕业，有很多事情要做，将旧书卖给废品收购人是常见选择，而这严重贬低了书籍的价值。因此，××××学院二手书市场前景很大。

2. 需求分析

经调查发现，超过1/2的大学生不会在本学期从学校购买教科书，原因有以下几点。

（1）感觉教科书可有可无。

（2）学校统一购买教科书价格较贵，网上购买会便宜。

（3）向上一届学长、学姐借教科书，书中还会有笔记。

这些原因导致在学校统一买书的学生越来越少，这些学生不知不觉就成为二手书市场的主要消费者，尤其临近期末考试，当这些需求变成刚性需求时，就不得不买书，但又没有办法买到新书，只能买二手书。因此，建立一个二手书市场，便可以满足这些消费者的需求。

3. 竞争对手分析

（1）书店。新书更新快，但价格相对较高，而且书店中教辅类书籍，很少有打折的情况。

（2）电子书。相对于传统书籍，电子书价格更低，甚至免费，但电子书不能随时阅读，阅读体验也无法与传统书籍相比。

（3）图书馆。图书馆中有大量藏书供学生借阅，但图书馆新书更新慢且教科书存量少，学生不能在短时间内找到自己所需的资料，而且不能直接在书中做笔记，这也是促使学生选择买购买二手书的主要原因之一。

（4）网购。网络信息更新速度快，可以获取书籍的最新信息，并且能送书上门，但书籍内容与质量，无法得到保证。

4. 经营损益分析

（1）总成本费用分析。

总成本费用分析表

项目	第一年	第二年	第三年	第四年	第五年
房屋租赁（元）	18 000	18 000	18 000	18 000	18 000
职工薪酬（元）	16 000	16 000	16 000	16 000	16 000
日常费用（元）	2 000	2 000	3 000	3 000	3 000
其他（元）	2 000	2 000	3 000	3 000	3 000
合计（元）	38 000	38 000	40 000	40 000	40 000

（2）产品销量预计。

产品销量预计表

产品	第一年	第二年	第三年	第四年	第五年
换书量（册）	50 000	55 000	60 000	70 000	75 000

（3）销售收入预计。

销售收入预计表

项目	第一年	第二年	第三年	第四年	第五年
换书量（册）	50 000	55 000	60 000	70 000	75 000
销售额（元）	250 000	275 000	300 000	350 000	375 000

5. 盈亏平衡分析

（1）收益分析。

收益分析表

项目	第一年	第二年	第三年	第四年	第五年
总成本费用（元）	38 000	38 000	40 000	40 000	40 000
总营业收入（元）	250 000	275 000	300 000	350 000	375 000
收益（元）	212 000	237 000	260 000	310 000	335 000

（2）盈亏平衡分析（I为销售利润，P为产品销售价格，F为固定成本总额，CV为单件变动成本，Q为销售数量，S为销售收入）。

A. 分析模型。

$I = S - (VC \times Q + F) = P \times Q - (VC \times Q + F) = (P - VC)Q - F$

B. 盈亏平衡分析表。

盈亏平衡分析表

项目	第一年	第二年	第三年	第四年	
换书差价（元）	5	5	5	5	
总成本费用（元）	38 000	38 000	40 000	40 000	000
盈亏平衡销售量（册）	7 600	7 600	8 000	8 000	8 000

6. 新店经营定位分析

（1）普通学生。普通学生是主要消费群体，学长、学姐们临近毕业，有些书籍就不需要了，但对普通学生群体而言，这种带有重点和笔记的二手书，比新书更有市场。

（2）考研的人。××××学院每年考研的人不在少数，通常在大三就开始复习，尤其是在考研目标确定之后，许多人需要考研类复习书籍。

（3）双学位者。一部分修读双学位的同学会在开学初购买书籍。

（4）修读选修课的学生。此类课程学校基本不发课本，需要学生自己准备，而这里就产生了很大的市场需求。

7. 新店市场拓展分析结论

二手书书屋创业，相对于其他竞争对手，在价格方面有绝对优势。在电子书方面，传统教辅类书籍更是占据主导地位，大学生目前普遍在教科书方面依然选择传统书籍。因此，二手书屋项目一旦开始经营，一定会受到大学生的热烈欢迎和喜爱。

> **要点提示**

在市场拓展方面，如果公司的决策人思路放宽，则还可以这样做。

1. 做好市场调研后，走品牌路线。

2. 将有技术优势的产品锻造成公司核心竞争产品。

3. 将生产与技术管理分开，营造不同的企业文化、实行不同的战略规划、确定不同的发展定位。

营销战略——运筹帷幄,决胜千里

司马迁《史记·高祖本纪》:"夫运筹策帷帐之中,决胜于千里之外,吾不如子房。"运筹,是军事家们的必备能力,只需要做好战略部署,就能让事情成功。企业的营销战略同样如此,只有运筹帷幄,才能旗开得胜。

在企业经营过程中,营销战略与其他产品战略组合在一起,形成了企业的基本经营战略,这对保证企业总战略的实施,起至关重要的作用。营销战略作为一种重要战略,是为了提高企业营销资源的有效利用率,让企业资源利用效率最大化。面对激烈的竞争环境,制定营销战略显得非常迫切和必要。市场营销战略主要包含两方面内容,一是目标市场的选定;二是市场营销组合策略的制定,其根本目的是满足目标市场的需要。

企业营销战略过程是市场营销管理内容与程序的体现,是企业为达成自身目标辨别、分析、选择和发掘市场营销机会,规划、执行和控制企业营销活动的全过程,其营销管理主要包含分析市场机会、选择目标市场、确定营销策略、市场营销活动管理4大步骤。

营销管理的步骤

1. 分析市场机会。面对竞争激烈的买方市场,有利可图的营销机会并不多，企业必须对市场结构、消费者、竞争者行为进行调查研究，识别、评价和选择市场机会，善于通过发现消费者现实需求及潜在需求，寻找各种市场机会。而且，企业要具备通过对各种市场机会的评估，发现适合本企业发展的机会。

2. 选择目标市场。完成对市场机会的评估后，要进行研究分析，确定企业将要进入哪个目标市场。目标市场选择是企业营销的战略性策略，也是市场营销研究的重要内容，企业首先要对即将进入的市场进行细分，对每个细分市场的特点、需求及竞争状况进行分析，根据本公司优势选择目标市场。

3. 确定市场营销策略。制定营销策略是企业营销管理过程中的关键环节，主要体现在市场营销组合的设计上。为满足目标受众的需求，企业能够控制的营销要素主要有产品质量、包装、价格、广告、销售渠道等，营销策略的制定就是对这些要素进行优化组合。重点应考虑产品策略、价格策略、渠道策略及促销策略，也就是本书前面提到的"4P"营销组合。当然，随着市场营销学的不断发展，进而出现了"6P"和"4C"营销组合。

4. 市场营销活动管理。营销活动管理离不开营销管理系统，营销管理系统主要有以下3种。

（1）营销计划。营销计划既要制定长期战略规划，又要考虑现实发展和具体目标，在确定企业发展大方向的同时，制定具体实施方案。

（2）营销组织。营销计划需要一个强有力的营销团队执行，需要对团队人员进行筛选、培训、激励等一系列管理活动。

（3）营销控制。营销策略在实施过程中，需要控制系统来保证市场营销目标的实施。控制系统主要包括企业年度计划控制、企业盈利控制、营销战略控制等。

营销战略与企业战略的传统关系

1. 企业战略。企业战略是企业面对急剧变化、充满严峻挑战的市场环境，为求长期生存及不断发展而进行的总体性的策划，对企业的生存与发展起决定性作用。企业战略服从和服务于企业营销目的，本质上是保证企业利润最大化的途径和手段。

托马森在1998年提出企业战略的层次划分，集团企业分为公司战略、经营战略、职能战略、运作战略4个层次，子公司分为经营战略、职能战略、运作战略3个层次；从内容上又可分为发展战略、竞争战略、营销战略、财务战略、人力资源战略、组织战略、研发战略、生产战略、品牌战略等。

2. 营销战略在企业战略不同层次中的作用。营销战略贯穿于企业各级层次。在最高层，营销战略关系到是整个企业，主要是从若干年的远景角度出发，确定企业希望的、看到的活动组合。在低等级消费层面上，市场营销战略关系着同一企业的一个系列产品。

3. 两者的传统关系。传统观念认为，营销策略属于企业战略的一部分，许多营销战略都是公司老总制定，也就是，先有企业的整体战略，才有市场营销战略，而且战略制定是自上而下的。这也导致工作团队只能通过提案的形式，向公司最高管理层提供有关产品等信息，因为企业市场营销目标和市场营销战略的制定，也要受到企业战略规划的引导。

营销战略与企业战略的现代关系

1. 营销战略的特点

（1）以创造客户为目的。

（2）立足于市场调研。

（3）战胜竞争对手的策略组合。

（4）注重监控，持续改进。

（5）以结果为导向。

市场营销总体战略包括指定产品的产品策略、价格策略、分销策略等，这就类似于军事参谋部在制订一个军事计划时，必须先制订针对步兵、炮兵、装甲兵、空军等的个别计划，实际上属于逆向制订。

2. 两者的现代关系。随着市场营销战略在企业实现目标过程中，发挥的作用越来越大，市场营销战略逐步摆脱了企业总体战略的制约，越来越偏向以目标市场和目标受众为导向，同时又遵循总体成本领先战略、差异化战略、专一化战略3大通用战略原则，成为企业取胜的不二法宝。

虽然，市场营销战略不能代替企业总体战略，但随着市场营销战略的不断完善，其为企业总体战略的成功奠定了不可替代的基础。例如，在世界"500强"企业里面，IBM、海尔、宝洁、沃尔玛，等等，无一不在市场营销战略上取得巨大成功。当然，每个企业只有根据自身特点，找到与自身特点相匹配的营销策略，才能形成以市场营销战略为核心的企业总体战略。

营销战略的制定与实施

"市场细分—选定目标市场—市场营销组合—实施计划—组织实施—检测评估"是市场营销战略制定和实施的基本。

1. 市场细分。市场细分要按照一定标准进行，需要考虑人口、地域、心理、购买行为等因素，细分后的市场还要按一定原则检验是否有效，如可测定性原则、可接近性原则、可盈利性原则等，市场细分的好坏，决定着市场营销战略的成败。

2. 选定目标市场。目标市场选定是在细分市场的基础上，决定企业要进入的市场，告诉顾客我们是谁，我们的产品是做什么的。这就要求企业必须做到以下3点。

（1）企业必须有明确的目标市场。

（2）对一种产品必须有明确的诉求、有明确的消费群体。

（3）抓住主要矛盾，突出重点，也就是不要向谁都诉求，也不要什么都诉求。

3. 市场营销组合。明确目标市场后，就要考虑怎样进入这个市场，并满足市场需求，这就要通过对产品、价格、渠道、促销等因素进行有机组合，但不等于简单相加。企业在进行营销组合时，需要注意以下几点。

（1）通过对优秀企业的调查，了解他们的营销组合策略。

（2）突出与竞争企业的独特差异，充分发挥本公司优势。

（3）营销组合是企业可控的，企业可以通过各种控制完成整个营销组合。

（4）营销组合因素之间必须相互协调，例如，根据不同产品制订不同价格，选择不同渠道，采取不同促销手段等。

（5）营销组合是动态的，而不是静态的。

4. 实施计划。制定好市场营销战略以后，要有组织、有计划、有步骤地实施，这就要求企业做好实施计划，具体内容主要包括以下几点。

（1）组织及人员配置。

（2）运作方式。

（3）步骤及日程。

（4）费用预算。

【实战测试】

20××年，××国最大的家电零售企业××机电在中国开设了第二家连锁店。××机电通过市场调研，得出的结论是：中国消费者与××国消费者期待同样的服务。于是，中国成为××机电开拓的首个国际市场。

请尝试按照本书中论述的营销战略策划流程，为××机电进军中国市场制定一份适当的营销战略。

> **要点提示** ▶▶
>
> 营销战略目标能否实现，在实施过程中需要注意以下几点。
>
> 1. 环境发展趋势。环境的发展趋势有可能为企业带来新的机会，也有可能制造难题，把握环境发展趋势也是企业制定营销战略的重要前提。
>
> 2. 识别各种机会。有效地识别和利用潜在机会，对发展新产品、改进现有产品、发现产品新问题、吸引竞争对手的顾客、开发新的细分市场都极为有利。
>
> 3. 利用现有资源。客观、认真地审视自身现有资源，运用同样数量、同样类型的资源完成新的营销战略目标，对企业尤为重要。

附录
广告文案撰写细则

广告文案是广告作品的有机组成部分，是呈现在广告作品中的文字符号或有声语言，能够直接对广告受众心理和行为产生影响。掌握好广告文案撰写技巧关系到广告文案的质量，影响着广告作品的整体效果。撰写一篇精彩的广告文案是许多文案从业人员梦寐以求的事，许多人认为好文案可遇而不可求，实际上写好一篇广告文案并没有想象中那么高深莫测。

广告文案撰写细则（一）：主题

主题原本是音乐中的一个术语，也就是主旋律的意思，后来应用到文学创作中，意为主旨、中心思想。广告文案中的主题，指的是广告信息传播的主要意图。

广告文案需要传递的信息很多，一旦主题确立后，广告作品就有了中心点。文案写作和创意，就可以围绕这个中心点进行，然后通过材料编排、语言组织等手段，完成整个广告的表现。广告的主题就如王夫之在《姜斋诗话》中说："意犹帅也，无帅之兵，谓之乌合。"

什么是主题

主题看不见、摸不到，却是整个广告文案的核心。广告文案的主题是在创意构思的过程中产生的一个首要任务，与灵感不同，主题是清晰的思维结果，可以修改。如果将整个文案比作一个人，那么主题就是人的灵魂，其他所有创作都要围绕主题展开。

换而言之，主题就是文案创作者通过全部材料表达的中心认识。其主要特点表现为以下几个方面。

1. 客观性。主题要以产品为前提和判断对象。

2. 主观性。主观性主要体现为创作者的认识，同一个广告，也有不同主题。以鞋子广告为例，主观性主要包括以下几个方面。

（1）特性认识。如"××鞋，最好的运动鞋"。

（2）文化认识。如"××鞋，风火轮出现了"。

（3）时代认识。如"××鞋，只有超前的人才拥有"。

（4）哲理认识。如"××鞋，走向房屋的飞舟"。

（5）审美认识。如"××鞋，让你成为健美的生命"。

3. 抽象性。广告文案的主题是抽象的成果，也是观念认识，但逻辑应清晰，并且具有清楚的本质特性。

4. 社会性。广告文案的主题不是学术论文，它具有社会性，通俗易懂。例如："速溶咖啡，味道好极了"比"喝速溶咖啡的人最勤劳"更加易于被大众接受。

5. 主题撰写。主题的撰写具体表现为一个逻辑判断句，通俗地说就是用一句话表明广告文案要表达的内容。主题要体现逻辑判断，这种判断应集中、明确，即"立片言以居要，乃一篇之警策""扩之则为千万言，约之则为一言"。正确的主题撰写必须有主语、谓语和宾语。例如：《谁是最可爱的人》一文的主题就是一句话"志愿军是最可爱的人"。

主题的决定因素

1. 广告策略。企业客户为实现营销所指定的策略。

2. 产品个性。产品特色，如"困了、累了喝红牛"。

3. 消费需求。主题的提出，最终是为了满足消费者需求，实现销售的目的。

广告主题的提出，实际上就是对金字塔原理所有元素的整合，争取达到行动的效果，最终表现为一个结尾——"赶快购买吧！"

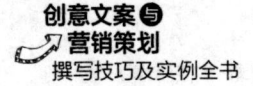

主题的位置与放置技巧

撰写广告文案，主题是核心，且要贯穿全文，其中位置最明显的首先是标题，许多文案的标题实际上就是整个文案的主题；其次，是文案的开头部分；再次是文案的中间，用来强调主题；最后是文案的结束部分，重复主题，通常采用广告语等艺术手法加工处理。

主题的几种类型

1. 突出生产技术。用于知识含量高的产品。
2. 突出产品地位。用于具有文化载体的产品。
3. 突出审美意识。用于具有独创性，但实用有限的产品。
4. 突出客观质量。用于质量高、实用价值高的产品。
5. 突出喜剧精神。将产品作为对困境的逃避或对理想的选择。
6. 突出产品名望。用于产品品牌打造，将产品推广为社会的一个符号或一种生活方式。
7. 突出消费快感。如香水、照相机等，满足消费者对附加值的选择。

【参考范文】

广告标题：××汽车美容

广告正文：本店从事汽车、摩托车美容、装饰和汽车美容及装饰销售。本店拥有一流的汽车美容技术师和一流的专业服务人员，经营高品质的美容商品，专业性强。我们本着顾客至上的理念，用专业的技术为每一个顾客服务，给你旧车变新车的体验。

广告目的：

①扩大本店知名度；

②吸引更多顾客；

③宣传服务质量高、专业性强的特色。

广告口号：旧车变新车，找××汽车美容。

广告策略：针对消费者心理以及需求，做出相应广告策略，运用合理的宣传手段，抓住消费心理，吸引消费者上门。

广告计划：

①随着生活水平的提高，有车的人越来越多，人们对服务态度和服务质量的要求也开始变高，因此，服务质量成为行业竞争的焦点；

②通过广告扩大市场的占有率，吸引车主购买各种美容饰品；

③为前来做美容的车主送上宣传卡片，卡片上介绍本店的美容项目、价格、服务及各种装饰产品；

④举办车友会、汽车评鉴会等活动，吸引车主前来参与。

广告主题：以旧换新。通过视频展示"一辆有各种刮痕、锈迹斑斑的轿车，通过几个美容技师的美容，变成了一辆崭新的轿车。当服务人员把钥匙交到车主手中的时候，车主高兴地笑了，然后说'想旧车变新车，到××汽车美容店'"。

广告预测：让目标消费者了解本店服务项目及相关产品销售。其中服务质量及技术质量为最大亮点，初步预计让六成以上的目标消费者对本店服务产生兴趣和消费欲望。

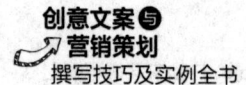

广告文案撰写细则(二):标题

标题可以帮助受众更好地解读广告内容,也是广告作品为了传达重要信息或能够引起诉求对象兴趣的信息,而在显著位置用特别字体或特别语气进行突出表现的语句。文案最早使用标题是为了适应报纸、杂志等印刷媒介的传播特性。

如今,以印刷媒介为依托的平面广告中,标题决定了整个广告的质量。在电视、网络等媒体广告中,同样需要用标题性质的语句引起诉求对象的注意,只是标题的存在形式与平面广告不同。

标题的性质

标题用来显示广告的主题,是广告的题目,也是不同广告之间的区分标志。俗话说"题好一半文",标题是广告作品的窗户、旗帜,好的标题能够起到画龙点睛的作用。

1. 位置。标题的位置多在广告的前面,尤其在平面广告中,标题一定要醒目。

2. 标题与主题的关系。标题与主题的关系十分密切,标题是主题最直接的表达形式,标题可以更换,但主题不能随意更换。换而言之,标题是为主题服务的。

3. 文案关键。标题不是为了广告结构的完整，而是帮助广告在短时间内吸引受众的注意力、传递最重要的信息或吸引受众继续接触广告内容，对广告作品而言，标题甚至比广告语重要。

标题的功能

1. 画龙点睛。标题是主题内容最直观的体现，也是主题内容的提炼和浓缩。

2. 刺激兴趣。标题最重要的作用就是吸引受众目光，激发受众对广告的兴趣并关注广告内容。

3. 强化诱导。反复出现的标题还具有强化诱导的作用。利用大脑潜意识记忆，将标题印在受众脑海中，甚至使标题成为人们的口头禅。

4. 丰富表现。优秀的广告标题，不仅能够诱导消费者行动，还能让广告的表现形式更加丰富。

标题的分类

1. 直接标题。直接标题反映直接诉求，表明主题的优点，如："亚运在我心中，××为您服务"。另外，许多电视媒体更是直接将产品标题化，如"××牌牙膏"等。

2. 间接标题。间接标题将注意力重心放在图文上，用曲折迂回的方式诱发受众的兴趣。

3. 复合标题。复合标题也称多重标题，一般在广告中用得比较少，通常是一个主标题下面分出几个子标题。

标题与广告语的差异

标题与广告语在广告作品中的作用都非常重要，但两者的本质则完全不同，不能混为一谈。有关两者之间的差异比较如下。

附表　标题与广告语的差异

项目＼分类	标题	广告语
内容	与广告具体内容紧密相关	属于长期观念，与广告具体内容关联不是很紧密
传播目标	吸引和引导受众继续接触广告内容，注重即时效果	传达长期观念，注重对消费者观念与品牌形象的长期效果
适用范围	只在一则具体广告作品中使用，与广告具体内容密不可分	较长时间内持续使用，适用于任何媒介、任何形式的广告
出现位置	通常在平面广告最醒目的位置和电视广告的开头	通常在广告结束位置
形态	根据广告创意的具体需要	力求简短、精练

广告标题的主要撰写技巧

1. 写作要求。

（1）突出主题。

（2）简明、精练。

（3）突出、具体。

（4）醒目诱人。

（5）富有创意。

2. 写作技巧。

（1）先写下，再完善。

（2）遴选后，再加工，从多个角度思考问题。

（3）加入创意元素和新信息。

（4）在产品品牌上多下功夫。

(5)用词要委婉,尽量不要用否定词。

3. 写作要点。

(1)紧扣创意。标题是广告文案主题与创意的纽带,创作时就要紧扣创意,将创意的巧妙之处融入标题。平淡无味的标题会影响受众对正文的兴趣。

(2)集中一点。标题不能成为广告内容的概括,必须将有限的文字集中在最重要的一点上,这就是俗话说的"好钢要用在刀刃上"。

(3)精准表述。标题要避免平铺直叙,直接陈述最能准确表述,但对吸引受众阅读正文没有太大帮助。因此,标题创作要寻找出人意料的角度。

(4)个性语言。同样的含义用不同语言表达,会体现不同的效果。优秀的标题还应该在语言上下功夫,彰显标题个性与活力。简单、口语化、带有幽默味道的语言,会为广告增色不少。

(5)语言凝练。无论标题长短,遣词造句都要尽量精简、凝练,让受众一目了然。冗长、烦琐的标题,往往会让人对广告正文失去兴趣,甚至令人生厌。

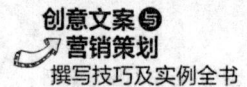

广告文案撰写细则(三):正文

广告文案的正文有两种含义:第一种是整体性的,指的是整个广告文案;第二种仅指广告正文,也就是广告的中心部分,针对广告主题进行的集中、细致的叙说。这里我们要谈的是第二种。

正文是广告文案主体地位的语言文字部分,主要功能是展开表述广告主题,对广告信息进行详细介绍,满足目标消费群体对展开细部的诉求。广告正文要在让消费者了解各种产品信息的同时,建立消费者的阅读兴趣,并产生购买欲望,这也是促使消费者最后进行购买行为的关键。

广告正文的特点

1. 解释性。广告标题的目的是将消费者的目光吸引过来,正文的作用就是围绕产品对标题进行阐述,对主题涉及的相关内容进行扩充和说明。

2. 说服性。广告正文的目的也很明确,就是说服通过标题吸引来的潜在消费者进行购买行为。因此,正文不仅要解释清楚产品的优势特点,还要建立受众的基本信任感,常用的方法是罗列能够令人信服的数据或证据,因为只有让受众对产品产生信任,才有可能促使他们产生购买行为。

3. 鼓动性。广告正文不同于说明书，它具有强烈的宣传色彩，在鼓动消费者购买行为方面起重要作用。实际上，正文要表达的意思就是"产品这么好，赶快去买吧"，要想达到这种效果，就要在字里行间表露出这种推动力。

广告正文撰写需要坚持的原则

由于各种媒体的特点不同，广告正文也有多种多样的写作体裁，在写法上也很难归纳出固定模式。但无论哪种媒体、哪种体裁，广告正文的根本目的都不能偏离，创意与原则依然是重点。

1. 条理清晰。正文表达的信息要比标题更多。因此，在撰写正文时，对各个信息之间条理性与逻辑性的把握十分重要，信息之间要建立清晰、明确的逻辑关系，这样才能让消费者轻易读懂正文的内容。

2. 突出重点。正文要表达的信息很多，分清重点很重要。将所有信息以排比的形式罗列是正文撰写的大忌。正文应该将与主题关系最密切的信息列为重点，并将这些重点信息突出地表现出来。

3. 精准用词。广告正文的用词准确尤为重要，既然标题已经引起了消费者的兴趣，那么消费者就希望在正文中了解关于产品更加详细、准确的信息，如果正文用词不精准，就很容易让消费者产生误解。

4. 简洁易懂。消费者可没有耐心阅读一篇含蓄的文章，过于含蓄的文章给消费者的感觉就是"你猜猜，我是卖啥的"。如果消费者手里有砖头，那么直接拍出去的概率非常大。因此，结构清晰、简洁明了对正文而言，同样非常重要。

广告文案正文的撰写，不能为了写作而写作，必须要从树立企业形象、产品销售方面深入研究，以有号召力、能唤起消费者的购买欲望为标准，这样的正文才能让消费者产生购买动力。

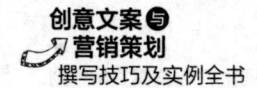

广告正文撰写需要思考哪些问题

了解了正文的作用、目的、特点以及写作原则应，我们就可以试着撰写广告正文了。不过，在落笔之前，你还需要思考下面几个问题。

1. 怎样让消费者的阅读兴趣从广告标题自然地转向正文，除了在广告标题创作中的努力之外，我们还应做哪些努力？

2. 正文怎样才能通过运用具有吸引力的表现形式吸引消费者，又怎样用它的细部诉求应对消费者的需求，让消费者自觉地阅读广告正文？

3. 怎样运用广告正文的诉求，将广告受众由目标受众变成产品的消费者、接受者？

4. 怎样运用广告正文结尾及附文，将已经在心理上被说服的消费者，变成真正能够付诸购买行动的消费者？

想清楚并回答这些问题，单凭闭门造车的思考可不行，你还需要了解广告正文常用的表述方式有哪些，因为只有正确的表述方式才能将正确的观点更好地表达出来。

广告正文常用的表述方式

广告正文，可以分为理性广告正文、情感广告正文和情理交融型广告正文3种类型。虽然一个优秀的文案撰写人员并不需要按照固定的模式写作，但对不同模式表述方式的了解和把握，对写作创意和流畅表达的帮助还是非常大的。

1. 理性广告正文。理性广告正文就是用摆事实、讲道理、提出确凿证据等方法，以突出产品优点、特质以及特别利益的广告正文。通常这种方法适用于新产品、竞争性产品和生产资料产品等，主要有陈述体、说明体、论说体及证明体4种类型。

（1）陈诉体。陈诉体是用陈述、诉说为主要表达方式的广告正文文体,包括布告体、新闻体、对话体等,主要用于开业启示、招聘广告、通知声明等。

(2)说明体。说明体指的是以说明为主要表达方式的广告正文文体,正文内容主要是对实物产品的性质、特点、功用等进行详细说明,让消费者明白产品的功能及正确使用方法。

(3)论说体。论说体是以议论、说理为主要表达方式的广告正文文体,主要用概念、判断、推理的逻辑思维,直接阐述事理。

(4)证明体。证明体是主要以证明为主要表达方式的广告正文文体,借助有关权威鉴定评语、荣誉称号、获奖情况等以及使用一些典型事例,证实广告内容的真实性。

2. 情感广告正文。这种类型的广告正文是利用人们的喜、怒、哀、乐等情绪以及道德感、群体感、美感等情感为主要诉求方式,通过特殊的表达方式诱发消费者的感情,并在情感的影响下,采取购买行为。这种类型的广告正文的表述方式适用于装饰品、化妆品、时髦商品以及其他"软性"商品,主要有叙述体、抒情体、故事体、文艺体、谐趣体5种类型。

(1)描述体。描述体是以描写、叙述为主要表达方式的广告正文文体,通过生动、细腻的描写渲染消费者的情绪,从而达到促销的目的。

(2)抒情体。抒情体是以抒发情感为主要表达方式的广告正文文体,它不同于文学作品中的抒情,而主要用生动、形象的语言拨动消费者内心深处的情感,赢得消费者的情感共鸣。

(3)故事体。故事体就是通过讲故事的方式传达广告信息的一种广告正文文体。值得一提的是,解决问题式的故事体广告正文,在广告文案作品中,运用得非常多,效果也比较好。

(4)文艺体。所谓文艺体就是通过诗歌、散文、小说、童话、戏剧、歌曲等各种艺术表现形式达到宣传产品性能、优点的目的,从而引起消费者兴趣的一种正文撰写方式。

（5）谐趣体。谐趣体就是指以诙谐幽默、生动风趣的写作手法为主要表达方式的广告正文文体。

3. 情理交融广告正文。这种广告正文撰写方式，将理性诉求与感性诉求融为一体，也就是既动之以情，又晓之以理。此类文体多用于电视机、摩托车、汽车等耐用消费品及贵重商品的广告文案中。

实际上，目前多数广告正文或多或少，都属于情理交融的类型。撰写广告正文的时候，既需要深入理解正文撰写的文体类型，又要做到不拘泥于形式。

广告文案是否要展示强烈的个人风格呢？如果千万种不同产品都写成自己的风格，对产品而言，岂不是灾难？但是如果有机会展示个人风格，那就要牢牢抓住，并将它发挥到极致。文案和美的不同之处就在于美可以通过具体的图像呈现，而文字的表达角度却有很多种，又是如此抽象，因此广告正文的表现角度也是千变万化的，解决这个问题的最佳办法就是创意。

广告正文撰写注意事项

1. 注意由广告标题向正文的顺利转化，既可以采用副标题的方法，构建起两者之间的桥梁，又可以设置悬疑，将两者连接起来。

2. 注意信息的描述顺序，信息之间的承接要顺畅，逻辑关系要严密，可以采用由表及里、由近及远、由浅入深的描述方式，这样更符合大众的阅读习惯。

3. 注意消费者的心理接受顺序，例如通过"注意—兴趣—欲望—确信—行为"这样的心理接受顺序，一步步抓住消费者的心。

4. 正文要注意将企业、产品或服务的特色，转化为消费者购买的理由，广告正文不是小说，最终目的还是要转化为销售，促使消费者购买产品。

5. 根据广告投放媒体及产品特色的不同，规划合适的正文长度，例如表现产品附加价值时，可以采用短文案；对高品质、高价位的产品，可以采用长文案等。

6. 广告正文结尾部分，不仅要与前面连接紧密，还要保证能够促进消费者的购买行为。

广告文案撰写细则（四）：广告语

广告因为有广告语，所以才有长久的生命力。甚至，许多经典的广告语已经超越了广告的范畴，成了人生的信条。比如，"钻石恒久远，一颗永流传"成了爱情的宣言，"为了部落"成了一代人的记忆……

优秀的广告语，不仅能打动消费者，让消费者在情感上产生共鸣，还能让消费者产生认同感，主动去传播它。如果一则广告的广告语平淡无味，就不会受到大家的欢迎；如果广告语过于华而不实，那么也不会受到消费者青睐。

对于广告语的创作，实际上文采要放在第二位，做到简单、通顺、幽默、自然才是第一位的。雀巢咖啡一句"味道好极了"，至今仍然风靡天下。在谈广告语创作技巧之前，我们先看一些经典的广告语。

美特斯邦威——不走寻常路！

李宁——一切皆有可能！

特步——飞一般的感觉！

安踏——我选择，我喜欢！

动感地带——我的地盘我做主！

这些广告语都有一个共同的特点，那就是通俗易懂、朗朗上口。因此，想要广告语在消费者中间快速传播，就必须既带真情，又有趣味；既简短，又能让人回味。

广告语的作用

广告语是一种在长时期内反复使用的特定的商业用语，其作用是用最简短的文字，将企业或产品的特性及优点表达出来，属于浓缩的广告信息。但也不是所有的广告都有广告语，因为广告语与产品、企业紧密相连，只有好的广告语的寿命才更长。

1. 广告语是告诉消费者企业或产品是做什么的。广告语不只局限于产品本身，只有从独特的视角解读产品，才有可能创造经典，而且广告语会随着企业业务的改变而做出相应的改变。例如，×国×品牌洗衣机的广告语：

维修者用35年的时间郁闷地等待上门找他修理机器的人

2. 广告语可以表达企业的理念。广告语不仅能表述产品的价值和品牌个性，同时还能运用到所有的传播途径中。因此，广告语一定不能太高深，但一定要适合产品，符合企业的价值观。例如，海尔的广告语：

真诚到永远！

3. 优秀的广告标语可以提升产品的利益点。优秀的广告语极富感染力，有些经典广告语的含义已经超越了产品本身的价值。例如，某时尚羊绒品牌的广告语：

美腿魅力，爱尽一生

又如，BMW（宝马汽车）的广告语：

纯粹驾驶乐趣

广告语的6大创作原则

广告标语又称广告口号，它基于销售利益，需要向消费者传达一种长期不变的观念。因此，广告标语的创作需要遵循以下几条原则。

（1）简短易记，风格口语化。

（2）突出特点，体现个性化。

（3）阐明利益，能激发兴趣。

（4）情感亲和，要感人肺腑。

（5）号召力强，能促进行动。

（6）适应媒体，能长期使用。

广告语的创作策略

1. 语言表达要准确、精练。高尔基曾说："语言的真正美产生于言辞的准确、明晰和悦耳。"这句话非常符合广告语的创作原则，因为广告语的最终目的，就是向消费者传达产品或品牌的核心概念。

现代以图形、图像为标志特征的广告中，语言和文字仍然是不可替代的重要表现符号，也可以说，广告语是广告生命的支点，也是广告作品的核心，是完整广告作品浓缩的观念性信息。因此，广告标语一定要准确、精练，要想做到这一点就需要找到广告的诉求重点，也就是产品的独特卖点及消费者对产品的独特需求。例如某品牌纯净水的广告：

27层净化

其实，每个品牌的纯净水在出厂前都要经过这种复杂的过程，只是这个品牌紧紧抓住了这个数字，非常准确、简单，一下子就在消费者心中留下了深刻的印象。

2. 语言表述要特色鲜明。个性鲜明是广告作品在现代信息海洋中脱颖而出的保证。根据心理学研究，人们只对罕见的、反常的、突出的事物以及一切新鲜事物的感受和反应才足够强烈，对那些雷同的、习以为常的事物总是漫不经心。因此，广告语要想鹤立鸡群，就必须有个性、有特色。例如：

邦迪坚信，没有愈合不了的伤口！

看起来邦迪这个创可贴广告语并没有什么奇特的地方，但要知道，当时正值韩朝峰会期间，两国经过半个世纪的对峙是否终将握手言和？这在当时引起了整个世界的关注。邦迪敏感地抓住这一历史性的时刻，成功地展示了自己的产品理念。这则广告也因为这个历史性事件与产品的个性功能、品牌理念相契合而获得了国际广告大奖。

3. 广告语要优美、生动。美国营销大师爱玛·赫伊拉说："不要卖牛排，要卖滋滋声。"事实证明，只有生动、形象的语言，才能给消费者留下深刻的印象。因此，广告语在语言表述方面，要注重生动、优美，彰显文化底蕴，给消费者带去美的享受。需要注意的是，语言生动形象、意境优美，体现的是对词语、句式等元素的巧妙运用，而不是玩文字游戏。

4. 广告语要便于记忆。在众多的广告信息中，消费者唯一可能记住的，就是广告语。消费者记住了广告语，也就记住了产品品牌，因此广告标语一定要为方便消费者记忆而服务。

广告语是从广告作品中提炼出来的精华，必须要做到言简意赅。广告语越长，表达的诉求点越多，就越会削弱产品的独特利益诉求。因此，要

想消费者在众多广告信息中记住你的广告语,就要在语言表述上下功夫,既能体现广告主题,又朗朗上口。例如:

大家好才是真的好

××化妆品的这则广告语,内涵丰富,简洁明了的表述中蕴含了不尽之意,给消费者留下了想象空间。

青青大草原自然好牛奶

××牛奶的这则广告语,同样简单明了,不仅表达出产品与其他同类产品不同的品质,而且给消费者带来很强的画面感,不仅容易让人记住,还容易让消费者信任。

后 记

目前,随着"互联网+"上升为国家战略,信息传播媒介发生了巨大变化,一种真正意义上的互动广告时代已经到来。一篇优秀的广告文案,可以挽企业于狂澜之中而不倒,一个失败的营销策划也可以把企业推入破产的深渊。

在当今这个竞争白热化的时代,无论是广告策划案还是营销策划案,都离不开创意。许多人说:"创意需要天马行空,需要无拘无束。"在本书的最后,编者要说的是,创意要有"根",没有"根"的想法就像无根的浮萍,这不叫创意,而叫幻想。创意的"根"源自于知识的积累、经验的积累以及对行业和企业产品的深入理解。

华丽的辞藻,堆积不出优秀的文案;风骚的文笔,成就不了文案的魅力。目前,许多文案从业人员常提到一个词——"走心"。什么是走心？怎样才能走心？李奥贝纳广告公司创始人李奥·贝纳说："没有一个客户会买他自己都没兴趣，或者是看不懂的广告。"因此，无论是广告策划案还是营销策划案，成功的关键都是要"走心"，即引起共鸣、打动人心。要想真正做到这一点，就必须让文字归于平凡。而这就像武侠小说中常提到的"武功修炼到最后，便是返璞归真"，看起来简单，想要做到，却是最难的。策划案的撰写亦如此。